ANCIENNES USINES TEXTILE SAINT FRÈRES, SOMME, DÉCEMBRE 2021

URBEX

NICOLAS
OFFENSTADT

URBEX

LE PHÉNOMÈNE DE L'EXPLORATION URBAINE DÉCRYPTÉ

ALBIN MICHEL

SOMMAIRE

DANS LES SILOS D'UNE COOPÉRATIVE AGRICOLE ABANDONNÉE, PUIS DÉTRUITE, FACE À LA GARE DE CLERMONT (OISE), AVRIL 2019. (TOUS LES CLICHÉS DU VOLUME ONT ÉTÉ PRIS PAR L'AUTEUR.)

INTRODUCTION

La propriété de « Valentine » (Loir-et-Cher), où elle habite, comporte des bâtiments abandonnés qui font la joie de nombreux visiteurs clandestins. Pour elle, toutes ces pénétrations illégales des lieux sont une source « d'angoisse » selon *La Nouvelle République* qui rapporte son histoire. Ce « phénomène » d'exploration urbaine – urbex –, a pris, selon la titraille, « une ampleur incontrôlable »[1].

C'est de cela que voudrait rendre compte ce livre, de ce « phénomène » qui attire un nombre croissant de nos contemporains, mais qui suscite aussi un ensemble d'interrogations – jusqu'à être « incontrôlable » ?

La définition de l'urbex est assez simple, tout en demeurant ouverte. C'est, selon nous, une visite approfondie, et sans autorisation le plus souvent, d'un lieu marginal, délaissé ou abandonné. Elle se fait en général sans but lucratif, du moins en première instance, car l'exploitation commerciale de photos ou vidéos peut aussi en découler, on le verra. Même si certains ont proposé d'utiliser le terme de « rurex » (exploration rurale), voire « rurbex » pour des visites de cet ordre en dehors des villes[2], le terme est moins utilisé et l'on garde le plus souvent celui d'« urbex » pour tout type de situation géographique.

Une des figures fondatrices du mouvement, Jeff Chapman, au pseudonyme de « Ninjalicious », en a proposé la description suivante : « rechercher, visiter et documenter des espaces intéressants créés par l'homme, le plus généralement des bâtiments abandonnés, des sites en construction, des bâtiments actifs, des tunnels d'écoulement des eaux, utilitaires et de transit, et biens d'autres possibles, ajoutés à cette base ». Ninjalicious précise qu'il s'agit donc de « trouver, explorer et documenter des lieux hors des sentiers battus[3] », soit des lieux négligés par le public « ordinaire ». On le voit, Chapman ajoute à notre définition la visite de lieux encore en activité, sécurisés, qui peuvent être des chantiers en construction, des toits d'immeuble qui permettent des belles promenades ou l'accès à des vues impressionnantes. À vrai dire, on qualifie souvent ces activités-là plutôt d'« infiltrations » pour les différencier de l'entrée dans des lieux vraiment abandonnés et peu sécurisés. Pour certains, c'est juste une facette de l'urbex[4]. Bradley Garrett, géographe qui pratique l'observation participante, décrit, pour le groupe d'explorateurs londoniens qu'il a étudié, cette étape comme une volonté d'aller plus loin, comme un second temps, une prise de risque avancée[5].

Janine Pendleton, urbexeuse qui tient un riche site sur ses activités, demeure plus restrictive pour présenter son « hobby » : « l'exploration de lieux oubliés, délabrés ou abandonnés, des lieux qui ne sont pas normalement accessibles au public[6] ». D'autres, comme le photographe Troy Paiva, partent de l'acronyme TOADS, forgé bien avant celui d'urbex et utilisé pour des études urbaines, qui désigne des « lieux temporaires obsolètes, abandonnés et délaissés[7] ». La définition est donc extensible et certains y incluent aussi des visites de lieux marginaux, comme un petit musée perdu. L'urbexeur italien Alessandro Tesei trace en effet un continuum entre les lieux abandonnés pénétrés avec difficulté, et les visites plus paisibles de cet ordre. On verra comment la pratique peut se penser dans de plus vastes ensembles[8].

J'ai tendance à considérer qu'une visite avec l'autorisation, voire en présence du responsable ou du propriétaire des lieux n'est plus vraiment de l'urbex. Bradley Garrett emploie à ce propos le terme de « trespass » – entrée non autorisée [9]. Tout « encadrement », aussi bienveillant et libéral soit-il, tend à limiter ou faire disparaître deux caractéristiques centrales de la pratique : le jeu de trouver une entrée (et une sortie) et surtout la complète liberté de déambulation [10] (ne serait-ce parce qu'il y a au moins un rendez-vous d'entrée et de sortie relatif). Ce point de vue n'est cependant pas partagé pas tous les urbexeurs. Ninjalicious considère que l'urbex n'implique pas forcément le « trespass » et qu'il faut profiter de toutes les opportunités. Le photographe américain Matthew Christopher se fait ouvrir de multiples sites abandonnés en trouvant le contact des propriétaires [11]. Et le Français MonsieurKurtis, dans une discussion sur Twitter, nous répondait le 26 octobre 2021 : « L'exploration urbaine n'a pas forcément besoin d'être illégale pour ma part. Si je pouvais avoir une autorisation pour chaque lieu que je souhaite visiter, je passerais par cette voie-là. De plus, un gardien ne rend pas forcément la visite légale en acceptant qu'on reste sur place. »

Les conditions de l'urbex varient aussi selon le cadre légal et social des différents pays, et parfois, en leur sein, d'une région à l'autre, parfois même en fonction des enceintes. Par exemple celles de la SNCF en France font l'objet d'une protection particulière et donc de poursuites spécifiques en cas d'infraction [12]. En Chine, contre toute attente, les lieux abandonnés ne suscitent pas de surveillance particulière et Judith Audin explique que l'on peut, dès lors, les arpenter avec une certaine liberté de mouvement, avec peu de risques d'arrestation [13].

Le groupe LTV Squad de New York, que nous retrouverons, milite d'ailleurs pour l'abolition des poursuites pour les infractions considérées comme mineures dans la pratique de l'urbex [14]. En ce sens, il faudra aussi comprendre dans quelle mesure l'urbex s'inscrit dans une appropriation, une appréhension critique de la ville et de l'espace urbain. Tout un ensemble de mouvements, souvent anticapitalistes, antiautoritaires, envisagent la place des lieux délaissés dans la composition de « villes rebelles », de « villes radicales », pour un « droit à la ville » – prolongeant par là les analyses du philosophe marxiste Henri Lefebvre – et pour une citoyenneté urbaine.

« TROUVER, EXPLORER ET DOCUMENTER DES LIEUX HORS DES SENTIERS BATTUS. » NINJALICIOUS

L'article de *La Nouvelle République* qui dépeint un mouvement « incontrôlable » retranscrit à sa manière l'incontestable succès de l'urbex dont témoigne la multiplication des publications sur les réseaux sociaux, les sites *ad hoc* et les blogs. On voit intuitivement l'augmentation de cet intérêt et des participants depuis des années. Mais les mesures quantitatives le confirment facilement. Si l'on prend la base Europresse qui permet d'interroger le contenu de nombreux journaux de la presse nationale et régionale, de quelques titres étrangers, auxquels s'ajoutent des tendances Twitter, les résultats sont clairs. On trouve en 2010, 3 occurrences de l'association « urbex » et « exploration urbaine », 20 en 2012, 61 en 2015, 103 en 2017 et 239 pour l'année 2021 (arrêté au 1er décembre). En moins de dix ans, la présence de l'urbex dans la presse a donc été multipliée par 10. Bien entendu, les articles de presse ne sont pas un instrument de mesure précis, mais ils témoignent ici nettement de l'intérêt croissant pour la pratique [15]. La courbe des recherches sur Google du terme « urbex », mesurées par Google Trends, avec des irrégularités, montre aussi une croissance très régulière et marquée depuis 2009. On reviendra sur cette chronologie.

Nous ne pourrons ici situer l'urbex, tel que défini, parmi toutes les formes d'appropriations marginales, critiques, festives ou transgressives de l'espace urbain, telles que les occupations, squats ou happenings artistiques. Certains groupes aménagent même de véritables lieux de sociabilité ou campements temporaires clandestins dans les friches comme j'ai pu le constater dans une école abandonnée du combinat pétrochimique de Schwedt dans l'ex-RDA (2017), où un groupe de jeunes de la ville se réunissaient et avaient construit un dispositif pour barrer l'accès aux zones qu'ils utilisaient, que j'ai forcé sans le savoir. Ils m'ont ouvert, et même gentiment guidé avant que chacun retourne à ses occupations. Il y a de multiples usages institutionnels et officiels des friches, transitoires, que nous laisserons aussi en dehors de cette présentation [16].

Les lieux délaissés suscitent des pratiques d'appropriation par les artistes qui en font des murs pour graffer ou déployer des formes de street art sans contrainte. Ils sont utilisés dans diverses activités récréatives comme le géocaching, une forme de chasse au trésor modernisée où des petits objets déposés ici ou là sont recherchés grâce aux techniques de GPS. Mais pour les trouver dans les lieux abandonnés, il faut y entrer et donc accomplir un certain nombre de gestes d'urbex. Devant un immeuble abandonné à Bitterfeld-Wolfen (novembre 2021), deux jeunes du lieu qui étaient assis sur les marches, manifestement des habitués, m'ont indiqué par où entrer et lorsque nous avons échangé quelques mots à la sortie, ils ont évoqué l'urbex et le géocaching pour me montrer qu'ils savaient ce que je faisais. Il y a encore le Parkour, une activité plus physique consistant à parcourir et franchir des éléments et obstacles urbains, détournés de leur fonction, dans une perspective sportive ou acrobatique, notamment par des sauts. Le Parkour partage avec l'urbex une appropriation sans contrainte légale de l'espace urbain, de son cadre d'usage. Il marque aussi un rapport actif, autodéterminé, à la circulation et à la visite [17]. À vrai dire, une des matrices de l'urbex relève du jeu vidéo, dont les imaginaires, ainsi des combats ou poursuites dans les villes et les ruines, inspirent plusieurs urbexeurs, ce qui accentue la dimension récréative de la pratique. C'est ainsi que des urbexeurs chinois incorporent cet univers ludique dans leurs vidéos [18].

EN MOINS DE DIX ANS, LA PRÉSENCE DE L'URBEX DANS LA PRESSE A DONC ÉTÉ MULTIPLIÉE PAR 10.

Les différents usages contestataires et officiels des lieux délaissés ont suscité de nombreuses réflexions théoriques et politiques et de multiples analyses des spécialistes de la ville, de l'architecture ou encore du tourisme. Chaque mise en perspective présente son intérêt, mais l'ambition est ici à la fois plus précise et plus modeste. Il s'agit de prendre la mesure et de saisir les enjeux de la pratique de l'exploration urbaine, et non de tous les usages possibles de la friche. Pour ce faire, je m'appuie à la fois sur ma pratique d'urbexeur et sur un travail de recherche et de synthèse. Si j'ai toujours aimé les friches et lieux délaissés, on le reverra, j'en ai fait un objet d'études depuis dix ans et j'en ai parcouru, en exploration urbaine, autour de 350. Cette expérience, désormais longue, est un fondement de ma réflexion et des analyses ici présentées. Mais je l'ai mise en perspective par la lecture des travaux savants, de tous les pays, qui traitent de l'urbex, selon les habitudes du métier d'historien, qui est le mien. Plus encore, j'ai constitué un corpus de sources à partir de trois ensembles principaux : des entretiens formels et informels avec des urbexeurs du monde entier, des récits publiés par ailleurs (interviews dans la presse, livres…) et de multiples visites des sites, pages et comptes des réseaux sociaux autour de l'urbex.

Pour entrer dans ce monde, dans un premier temps, nous situerons l'urbex dans le temps long, très long, de l'intérêt pour les ruines, les lieux délaissés, et leurs visites, profanes ou savantes, ce qui permet aussi de saisir les aspects neufs de la pratique (chapitre 1). Dans un second temps, nous décrirons la formation d'un mouvement, demeuré hétérogène, dans les années 2000, qui adopte ce nom d'exploration urbaine/urbex. Avec le troisième chapitre, nous plongerons en quelque sorte dans le monde des urbexeurs pour les voir à l'œuvre, comprendre ce qui les motive. À partir de cette vue d'ensemble, il conviendra de s'interroger sur l'unité du mouvement et notamment les règles qui pourraient conduire à définir un cadre commun, malgré sa grande diversité (chapitre 4). Les deux chapitres suivants élargissent les enjeux en interrogeant la place de l'urbex dans la société contemporaine (chapitre 5), puis les manières dont l'urbex s'inscrit – ou pas – dans un processus de connaissance, de découverte et permet dès lors de produire un savoir utile (chapitre 6).

Il serait sans doute un peu frustrant de laisser le lecteur sur des discussions d'ensemble sans l'emmener sur le terrain. C'est pourquoi les deux derniers chapitres partent en « urbex », d'abord en expliquant comment s'organise une expédition, ici très concrètement dans l'ancienne ville de la dentelle et de la broderie, Plauen en Saxe (chapitre 7), et puis en fournissant quelques petits conseils élémentaires, pratiques, à ceux qui souhaitent se lancer, ou mieux préparer leurs visites (chapitre 8).

1.
GÉNÉALOGIES DE L'URBEX

DANS LES ANCIENS LOGEMENTS DE QUANG TRUNG À VINH, AU VIETNAM, CONSTRUITS À PARTIR DE 1974 APRÈS LES BOMBARDEMENTS AMÉRICAINS, AUJOURD'HUI CONSIDÉRÉS COMME INADAPTÉS ET EN DESTRUCTION PARTIELLE, DÉCEMBRE 2019.

La tentation est grande, en historien, de vouloir fabriquer une généalogie de temps long de l'urbex. L'exercice n'est pas seulement académique, car de nombreux urbexeurs réflexifs font référence à des pratiques plus anciennes, à des auteurs qui les ont inspirés et pas seulement à leurs libres intérêts et émotions. Il convient ainsi de dégager quelques matrices qui aident à voir ce qui fait le propre de l'urbex contemporain.

1. VISITER LES RUINES

L'appropriation des lieux abandonnés, en ruine ou délaissés par les contemporains s'inscrit dans un temps long, dans une « histoire universelle des ruines » telle que l'a entamée Alain Schnapp pour la sphère intellectuelle, et dont il faudrait écrire le versant pratique. La sensibilité aux ruines apparaît dans la poésie latine. Elle découle des méditations sur la fragilité du monde, même si les ruines sont, dans cet Occident romain, un cadavre, un poids dont il faut se débarrasser [1]. Lorsque Pausanias (né vers 115 apr. J.-C.) se promène dans les ruines de Mégalopolis, c'est pour évoquer le destin des grandes cités du passé, comme Mycènes, Thèbes ou Ninive, réfléchir à la grandeur et au déclin [2].

Dès l'époque classique, les ruines peuvent servir à témoigner de la barbarie de l'adversaire, en l'occurrence des Perses à Platées [3].

Le Moyen Âge entend retirer l'espace au paganisme, ou retirer le paganisme de l'espace et le christianiser. C'est l'occasion d'évoquer le langage des ruines. Les Pères de l'Église ne s'inquiètent guère des décombres de la cité d'ici-bas, quand l'emporte la cité céleste. Ils permettent cependant de rappeler le caractère transitoire de la vie terrestre. Les humanismes italiens dans leur valorisation de l'Antiquité leur prêtent une attention nouvelle. Pétrarque (1304-1374) leur confère un grand pouvoir intellectuel et émotionnel [4]. Il y voit, malgré leur tristesse, un passé dont il faut s'emparer. Son usage des ruines marque une rupture, selon Alain Schnapp, en y transposant un réservoir d'expériences et de modèles, de leçons à tirer dont l'interprète est libre [5]. La ruine devient objet de spéculation philosophique, mais la ville est d'abord un paysage que l'on observe et dont on fait l'expérience [6]. La visite des Thermes de Dioclétien suscite ainsi la discussion avec son ami Giovanni Colonna sur la scansion du temps et l'esprit des ruines [7].

Mais c'est au XVIIIe siècle que le culte des ruines s'impose, en s'élargissant bien au-delà du monde gréco-romain, au point que l'on évoque une « culture des ruines » dans le second XVIIIe dont témoignent les œuvres de Piranesi (1720-1778) ou d'Hubert Robert (1733-1808), qui parcourut l'Italie et les ruines romaines[8] et de bien d'autres, contemporains (Lallemand) ou disciples (Berlot). Il ne s'agit d'ailleurs pas toujours de lieux réels, mais aussi d'abandons inventés. Diderot puis Chateaubriand, autrement, donneront aux ruines une fortune littéraire et philosophique, valorisant ces lieux de solitude, plus ou moins sacralisés. Au-delà des textes, les ruines, originales ou artificielles, entrent dans la composition des parcs et jardins que font aménager de riches élites à la fin du XVIIIe et au XIXe siècle, et les visiteurs viennent les apprécier, comme le théâtre antique dans l'« Eremitage » du fabricant de papier de Bâle, Emanuel Brenner-Ehinger[9].

Pourtant, il semble que les écrivains des Lumières puis de l'époque romantique ne s'intéressent pas aux ruines dans les villes modernes, autour d'eux. La ruine dit alors, très différemment, la fuite du monde et la retraite loin de la ville, vers la nature, vers le passé lointain[10]. On voit ainsi combien les enjeux ont changé, même si, dans les temps contemporains, les ruines incarnent aussi la projection d'une perte romantique[11].

Aux ruines du temps, des temps anciens, s'ajoutent les ruines des destructions, en particulier des guerres, qui, parfois, deviennent très vite l'objet de visites, y compris de ceux qui subissent la violence des conflits. En 14-18, le paysage se transforme pendant la guerre même en attraction, y compris pour les soldats. Après les combats dévastateurs, on entreprend de voir ou de revoir le lieu infernal, comme en témoigne Jean-Pierre Biscay en 1917 : « Au loin, les ruines de Craonne ! J'y vais : gratuitement, par curiosité [...] En revenant vers Craonnelle, toujours le même spectacle : terre éboulée, chiffons, débris et cadavres du 16 avril. Mais il est temps d'achever cette promenade clandestine[12]. » Un tourisme de champs de bataille se met en place dès le conflit même. Au-delà du lieu, les ruines deviennent un enjeu politique et international de première importance, permettant de démontrer, à nouveau, la violence et la barbarie de l'ennemi : que l'on pense seulement à la cathédrale de Reims bombardée et abîmée par les Allemands. Leur préservation devient un acte politique et social, support de discours nationaux unificateurs. Les photos de ruine rappellent, à l'envi, ce qui fut avant et ce que ceux d'en face ont accompli[13].

ON VOIT AINSI COMBIEN LES ENJEUX ONT CHANGÉ, MÊME SI, DANS LES TEMPS CONTEMPORAINS, LES RUINES INCARNENT AUSSI LA PROJECTION D'UNE PERTE ROMANTIQUE.

La guerre d'Espagne puis la Seconde Guerre mondiale renouvellent non seulement les destructions de masse, mais également les usages politiques et moraux des ruines, de leur visite. Dans l'Espagne franquiste demeurent ainsi, visitables, plusieurs villages détruits au temps de la guerre de 1936-1939 comme Corbera d'Èbre (province de Tarragone) ou Belchite (province de Saragosse) [14]. Par la suite, la carcasse de la cathédrale de Coventry ou les restes d'Oradour pourront servir de support à d'autres démonstrations.

Avec la démolition du Mur de Berlin, la ruine, du moins ses fragments, acquiert une valeur si positive que ceux-ci sont vendus comme un souvenir que l'on peut exhiber dans son appartement [15].

On pourrait croire le paragraphe qui précède un peu artificiel et simplement généalogique. En fait, certains urbexeurs ont aussi le regard informé par cette « histoire universelle » des ruines, tel Matthew Christopher qui évoque le lien avec les œuvres de Piranesi, Caspar Friedrich ou Hubert Robert.

2. EXPLORATIONS

Le terme d'« exploration urbaine », à la fois par le mot

même, l'horizon qu'il évoque, et la pratique, en certains de ses aspects, renvoie aux « explorateurs », des XVIIIe et XIXe siècles en particulier, ceux qui s'aventuraient dans des contrées qui étaient inconnues ou peu connues des Européens. Un groupe d'explorateurs urbains de New York, constitué à la fin des années 1990 (Jinx), fait même de l'éventuelle continuité un objet de débat.

Au tournant de ces deux siècles, le terme « explorateur » désignait en effet les voyageurs qui visitaient des espaces nouvellement découverts à des fins de connaissance, pour en faire la description. Au cours du XIXe siècle, avec l'avancée du processus de colonisation, il a pris une connotation plus politique, reliée à une entreprise d'appropriation et de domination [16].

À vrai dire, le lien objectif entre « urbex » et exploration d'alors paraît assez ténu. Les « explorations » relevaient souvent d'un processus de conquête et s'inscrivaient dans l'expansion coloniale des États européens. Au contraire des visiteurs sauvages d'aujourd'hui, les explorateurs cherchaient le parrainage des administrations et des institutions scientifiques [17]. Celles-ci produisirent d'ailleurs de plus en plus d'instructions pour les apprentis explorateurs. Autrement dit, si, sur le terrain, l'inconnu et l'aventure, avec les risques afférents, étaient au cœur des missions, celles-ci avaient le plus souvent un cadre formel au départ. De même, à son retour, l'explorateur retrouvait des cadres d'interprétation reconnus, ce « qui fait de lui sinon un héros du moins un éclaireur œuvrant pour la propagation de la civilisation[18] ».

C'est qu'explorer signifiait alors souvent produire un savoir scientifique inédit qui accroissait les connaissances et facilitait les entreprises de domination. Les objectifs étaient souvent cartographiques, de recensement des espèces animales et végétales, des mœurs et coutumes comme l'on disait alors. La dimension politique était d'importance : préparer ou faciliter la prise en main de territoires. Les explorations avaient aussi des objectifs commerciaux qui pouvaient s'accompagner d'un souci documentaire. Au milieu du XIXe siècle, Jules Itier (1802-1977), accompagnant la mission commerciale en Chine de Théodose de Langrené, prit de nombreux clichés en daguerréotype ; : ce sont parmi les images les plus anciennes connues pour la Chine[19]. Victor Place commença à utiliser au même moment la photo pour documenter les fouilles archéologiques. Celle-ci occupa ainsi une place croissante[20].

Les explorateurs revenaient avec des objets et des documents produits sur place. Ils alimentaient les collections des musées. L'époque était celle du développement de la presse et des techniques d'impression qui permettaient la diffusion des récits dont l'exotisme et l'aventure assuraient le succès. Un journal « de voyages et d'aventures » fut ainsi lancé en 1875. Ici se retrouve, comme en miroir avec l'urbex contemporain, l'articulation, la médiation entre une visite de l'exceptionnel et l'espace public.

3. ARCHÉOLOGIE ET PATRIMOINE INDUSTRIELS

L'intérêt et la mobilisation pour le patrimoine immobilier sans fonction ou abandonné, et, en particulier, celui du monde industriel, se sont développés dans les années 1950 en Angleterre, et puis en France plus tardivement. Florence Hachez-Leroy écrit ainsi : « L'usine, vue dans les années 1970 et 1980 comme une verrue polluée à éliminer, apparaît maintenant comme une opportunité pour offrir de nouveaux espaces d'activité tout en préservant l'histoire et le patrimoine matériel et immatériel des lieux[21]. »

Au départ, comme pour l'urbex, les discours sont ceux de « pionniers » et d'aventuriers qui empruntent des terrains délaissés. Un des premiers manuels souligne que les praticiens se pensent ouvrant « une nouvelle manière de regarder le paysage, de voir des choses auxquelles on était aveugle auparavant [22] ». Ainsi s'affirme une « archéologie industrielle » définie comme « l'examen du processus d'industrialisation à travers l'étude systématique de ses artefacts et monuments subsistants » et « l'enquête (*investigating*), l'analyse (*surveying*), l'enregistrement (*recording*) et parfois la préservation (*preserving*) des monuments industriels », le monument industriel étant ici entendu comme « toute relique d'une phase obsolète du système industriel et de circulation » [23]. Il s'agit donc d'étudier des « témoignages matériels » [24]. L'« archéologie industrielle » requiert à l'évidence un travail de terrain, de chausser ses « bottes en plastique » [25]. Elle répond aussi à l'envie d'une histoire économique et des techniques qui soit moins abstraite [26].

L'USINE, VUE DANS LES ANNÉES 1970 ET 1980 COMME UNE VERRUE POLLUÉE À ÉLIMINER, APPARAÎT MAINTENANT COMME UNE OPPORTUNITÉ POUR OFFRIR DE NOUVEAUX ESPACES D'ACTIVITÉ.

À ses débuts, elle se présente souvent comme une affaire de non-spécialiste, parfois un travail avant tout local. Comme l'urbex après elle, l'archéologie industrielle est née sans direction centralisée, du terrain, « *grass roots* » [27].

Deux dates sont souvent mises en avant comme symbole d'un nouveau rapport au patrimoine « non noble » : la destruction de la porte de style dorique de la station d'Euston à Londres en 1962 et celles des halles Baltard à Paris à partir de 1971. Dès lors, c'est souvent avec un « sens de l'urgence » qu'opèrent les archéologues de l'industrie. Une première revue est lancée en 1964 : le *Journal of Industrial Archeology.* Dans les mêmes années, se développe une archéologie des poubelles et des détritus, comme le projet mené à Tucson, on le reverra.

L'« archéologie industrielle » prend son essor en France dans les années 1970, sous l'égide de Maurice Daumas qui invite lui aussi les spécialistes à chausser leurs bottes. Son livre publié en 1980 suscite un grand intérêt et de multiples débats[28]. La notion de « patrimoine industriel » s'impose pour donner aux travaux une perspective plus englobante et sous l'influence de l'Inventaire qui appuie la dimension culturelle du domaine[29]. Les deux approches se croisent et s'entrecroisent, sans se recouvrir pleinement, et restent en tension. En Allemagne, c'est à la notion d'« Industriekultur », englobante, que l'archéologie se confronte[30]. Denis Woronoff l'affirme cependant : « le site est premier » dans la démarche et doit le rester[31]. Une des justifications de l'archéologie industrielle tient dans la possibilité de faire jaillir des informations que l'on ne trouverait pas dans les autres sources.

Parmi les « historiens des techniques » et spécialistes du « patrimoine industriel », à vrai dire, peu se définissent comme « archéologue industriel », articulant de fait le travail en archives, documentaire, et étude du site. Beaucoup d'entre eux participent également à la défense de patrimoine menacé et ces actions sont aussi l'occasion de visites officieuses des sites que l'on entend protéger [32].

L'archéologie industrielle se marque donc par la prise en compte du passé le plus récent et l'intérêt pour des sites qui ne sont pas enfouis, parfois encore en usage, c'est donc d'abord une étude des « vestiges non fouillés [33] ». Elle s'appuie en France ou en Angleterre sur les travaux locaux et associatifs, comme on le voit dans les collections de la revue *L'Archéologie industrielle en France* (qui devient en 2014 *Patrimoine industriel*). L'étude du patrimoine industriel multiple les approches et les outils : analyse du paysage, relevés architecturaux, témoignage oral... Ainsi la discipline rassemble aussi des architectes et des urbanistes, des spécialistes des matériaux.

Les historiens et spécialistes se confrontent ici à des sites en décrépitude ou peu entretenus. Certains propriétaires donnent accès aux usines encore en marche et à leurs archives. D'ailleurs, même lors de visites autorisées, l'« archéologue » peut « faire exprès de se perdre » pour avoir un accès fugace à des zones exclues de ce qui est montré[34]. Les spécialistes font même des visites clandestines ou sans demander d'autorisation. Par exemple, certains sites miniers de Bretagne, explique Anne-Françoise Garçon, n'avaient pas de propriétaires identifiés, sortes de *res nullius*, et du coup, les chercheurs ou amateurs qui s'y intéressaient entreprenaient la visite d'eux-mêmes, sans illégalité, mais sans autorisation[35]. D'autres propriétaires, pour des moulins en particulier, se montraient hostiles et agressifs, refusant toute visite. Il lui est arrivé aussi de visiter et étudier des sites dans les années 1990 sans connaître personne et sans demander d'autorisation.

Pour Robert Angus Buchanan, la première chose d'importance pour l'archéologie de l'industrie, c'est « un œil réceptif », et le Français Maurice Daumas a bien noté l'expression qu'il reprend à son compte, soulignant l'importance de cette « sensibilité particulière »[36]. Florence Hachez-Leroy, historienne qui préside le Comité d'information et de liaison pour l'archéologie, l'étude et la mise en valeur du patrimoine industriel (CILAC) insiste sur ce point : « J'ai besoin de voir[37]. » La photographie est considérée d'emblée comme une technique centrale[38]. Un des pionniers français, Louis

Bergeron, a ainsi promu le patrimoine industriel américain à travers la sélection et la publication de tout un ensemble de clichés (2000). Il y a aussi un rapport intense aux lieux chez de nombreux spécialistes. Anne-François Garçon l'exprime ainsi : « Tu t'immerges mentalement [...] tu te mets en empathie. Je décryptais les signes du travail, j'observais le percement des galeries [39]... » Florence Hachez-Leroy dit aussi « l'émotion » quand on entre dans un lieu la première fois et « l'empathie » d'une visite avec un ancien ouvrier sur les lieux comme ce fut le cas pour elle au lavoir de charbon de Chavannes près de Montceau-les-Mines. Cette question du regard, du rapport visuel aux traces du passé rapproche ici les « archéologues » du patrimoine industriel et bien des urbexeurs.

Lorsque Maurice Daumas écrit son précis d'« archéologie industrielle » (1980), il considère la fouille et les techniques de l'archéologie classique comme tout à fait exceptionnelles dans la démarche [40]. Depuis les années 1990, le champ et les réflexions s'élargissent. À côté de l'étude du patrimoine industriel « visible », de surface, des vestiges accessibles, se développent de véritables fouilles de sites récents, liant les niveaux, par exemple des stations télégraphiques Chappe, ou de la mine de plomb argentifère du Fournel (Hautes-Alpes) [41]. Les fouilles de bâtiments en ruine ont permis de mettre au jour des machines, des canaux ou du résidu de minerai[42]. Les travaux articulent études des vestiges de surface et fouilles du sous-sol, en proportion variable, surtout le bâti pour l'auberge du Grand-Cerf à Neuilly-sur-Marne, maison du XVIIe siècle devenue relais de poste puis cinéma[43]. Les archéologues, telle Séverine Hurard, soulignent donc que leurs travaux ne se limitent pas à l'enfoui : l'archéologie du bâti est « le pilier de l'acte d'enquête qui consiste à reconnecter la part enfouie d'un site et sa part conservée en élévation. Elle est à bien des égards la partie émergée d'un processus stratigraphique qui doit être lu comme une chaîne insécable de la culture matérielle[44] ». Ici l'archéologie agit sur des sites abandonnés qui ressemblent à ce que visite l'urbexeur et les photos se ressemblent alors, nous le reverrons.

Certains praticiens de l'urbex se réfèrent, là encore, à l'archéologie, du moins nominalement, à son imaginaire. Le site d'urbex de Pierre-Henry Muller a pour sous-titre : « L'archéologie de notre récent passé »[45]. Kerstin Lucklum qui tient un très beau site sur les lieux délaissés de l'Allemagne de l'Est surtout (« Blackcat Photography ») évoque l'archéologie industrielle, et Diane Dufraisy intitule une de ses séries de photos « Archéologie moderne » car les visites en urbex, « ça [lui] fait penser à l'archéologie[46] ».

Si l'urbex croise et emprunte le langage du pouvoir des ruines, de l'exploration et de l'archéologie, elle poursuit aussi les déambulations, circulations et les errances critiques, aventureuses et parfois illicites des décennies précédentes.

4. PROMENADES URBAINES, OU L'URBEX AVANT L'URBEX

Au milieu des années 1950, Guy Debord – avec les situationnistes et leur « psychogéographie »[47] – valorise une « dérive », dans la ville qui lutte contre les parcours cadrés et habituels « pour se laisser aller aux sollicitations du terrain et des rencontres qui y correspondent ». Certains urbexeurs s'y réfèrent comme une inspiration (Ninjalicious, Bradley Garrett, Alessandro Tesei…). Des pratiques proches sont d'ailleurs évoquées par Debord : « quelques plaisanteries d'un goût dit douteux, que j'ai toujours vivement appréciées dans mon entourage, comme par exemple s'introduire nuitamment dans les étages des maisons en démolition, parcourir sans arrêt Paris en auto-stop pendant une grève des transports, sous le prétexte d'aggraver la confusion en se faisant conduire n'importe où, errer dans ceux des souterrains des catacombes qui sont interdits au public, relèveraient d'un sentiment plus général qui ne serait autre que le sentiment de la dérive [48] ». Comme l'urbex plus tard, dans sa forme fondamentale, la dérive s'oppose en tout point au tourisme et par ailleurs s'inscrit dans une visée critique face à l'urbanisme modernisateur. Dans *La Société du spectacle* (1967), Debord revient encore sur une critique de l'urbanisme, qui fige l'espace.

La désindustrialisation, la crise économique et le recul du productivisme conduisent à l'abandon de projets d'infrastructures et à la multiplication des fermetures de sites dans les années 1970 et 1980 [49]. La chute du bloc de l'Est, dans les années 1990, ensuite, s'accompagne de bouleversements économiques qui aboutissent à la fermeture ou au transfert de nombreux sites de production, d'institutions politiques et culturelles. Après la crise de 2008, les grands projets capitalistes, immobiliers et touristiques, savent aussi produire des ruines avant même parfois d'avoir été utilisés de manière fonctionnelle, tels ces résidences de luxe aux États-Unis ou tel grand hôtel du Sinai [50].

Aventuriers, écrivains et photographes s'y glissent alors pour profiter d'un monde qui disparaît, pour soi ou pour les autres aussi. Ainsi, le photographe-reporter Manfred Hamm (né en 1944) arpente-t-il alors l'Europe de la déréliction et multiplie-t-il les thèmes et les objets, bien avant que l'urbex ne soit un mouvement. Il saisit les traces de l'industrie à Berlin-Ouest (1978) [51], puis parcourt le monde des « techniques mortes » (1981) [52], celui des puits de mine fermés dans l'Europe du Nord-Ouest, du pays de Galles à la Ruhr (1983) [53]. Il participe également à des livres d'histoire industrielle illustrés par des photos et des images des lieux après leur fermeture [54]. Il documente ainsi l'histoire avec des usines en ruine, y compris des salles vides et vidées. Hamm rentre aussi dans les lieux et choisit des plans qui évoquent, comme le fera l'urbex, l'abandon et la nostalgie, telle une salle des pendus – le lieu où les mineurs suspendaient en hauteur leurs habits de ville – d'une mine belge. La publication avec un spécialiste du patrimoine industriel, Axel Föhl, nourrit les images d'un large contexte.

Dans les années 1990 (1995-1998), profitant de séjours lillois dans les archives, je parcourais assez systématiquement, « au jour », tous les puits de mine fermés du Nord-Pas-de-Calais, et leur environnement, en pratiquant finalement assez peu différemment de ce que seront mes urbex des années 2010 : repérage cartographique et documentaire des lieux, intrusion sans permission, photographie (très amateur) et même discussion avec les témoins. À plusieurs reprises des anciens mineurs m'ont raconté, parfois sur les lieux mêmes, l'histoire du site, leurs souvenirs et expériences.

L'écrivain Philippe Vasset (né en 1972) investit, lui, le site abandonné de l'aérotrain dans le Loiret dès ses jeunes années et y revient régulièrement : « Je ne sais pas comment s'agencerait le territoire si on cessait de le quadriller, mais c'est précisément cette incertitude qui me plaît. Je n'ai pas de contre-modèle, je ne prétends pas légitimer mon besoin de friches et en faire une proposition cohérente, encore moins un programme. Je sais juste que j'ai besoin d'un monde troué, parcouru de lézardes et creusé d'échappées[55]. » De manière collective et plus théorisée, l'exploration urbaine fait partie – là encore, sans la spécification qu'elle prend ensuite – des pratiques artistiques et politiques du groupe d'architectes et intellectuels italiens Stalker (actif à partir de la seconde moitié des années 1990), dont le nom est emprunté au film culte de Tarkovski (centré justement sur un lieu abandonné et occupé), souvent évoqué par les urbexeurs. Au sein d'une plus vaste exploration de la ville et des espaces en marge,

« résiduels », les lieux abandonnés donnent lieu chez les Stalker à des performances (artistiques) et à des « safaris urbains ». Ils traversent ainsi des villes, de marges en friches [56]. L'usage de l'espace ici relève du parcours, de l'extension.

Dans le monde anglo-saxon tout un ensemble de groupes se constitue pour mener des explorations variées dans les années 1980 et 1990, parfois dans une ambiance de happening et de contre-culture [57]. Beaucoup de ces groupes, au départ, sont attirés par le monde souterrain, les réseaux de tunnels pluviaux d'Australie (1986), ceux de vapeur à Minneapolis (v. 1996) ou les secrets du métro à Moscou – ce sont les Mineurs de la planète souterraine (1990) –, plus que par la dimension patrimoniale de lieux abandonnés [58]. Les souterrains du métro de New York sont aussi un des points de départ du groupe qui se présente comme le pionnier en la matière dans la ville, LTV Squad toujours actif. D'après Bad Guy Joe, un de ses membres, il remonte à 1988 mais devient le plus « sérieux » – selon ses termes – dans l'exploration urbaine à la fin des années 1990 [59].

Bradley Garrett voit une globalisation de cet ensemble disparate au début des années 2000, l'urbex ferait alors communauté [60]. Il convient d'essayer de préciser la naissance, l'émergence et l'invention de l'« urbex » ainsi qualifiée.

2.
« NAISSANCE » DE L'URBEX

DANS LES INSTALLATIONS AU JOUR DE LA FOSSE 6 DES MINES DE LENS À HAISNES (PAS-DE-CALAIS). OCTOBRE 2018.

1. L'URBEX, ENFANT DES RÉSEAUX SOCIAUX

La visite personnelle, approfondie ou investie de lieux délaissés existe donc depuis que des ruines existent, mais elle prend la forme d'un mouvement, de communautés d'acteurs, de praticiens dans les années 2000, en lien avec le développement d'internet, des réseaux sociaux et de sites de partage photographique et vidéo. La notion d'urbex, pour certains praticiens, implique ainsi celle de partage des expériences. Le succès de Facebook et de Flickr, à partir de 2006-2007, et de YouTube dans les années 2006-2010 contribue à faire de l'« urbex » un mouvement d'ensemble. Depuis, Instagram enrichit les échanges. En Italie, le groupe rassemblé autour du site « Patrimoines cachés » (Ascosi Lasciti) qui se nomme aussi « urbex mondial » est composé d'environ 50 personnes liées les unes aux autres et qui se retrouvent lorsque l'un/e visite la région de l'autre. Alessandro Tesei le définit comme une « famille », qui s'est agrégée à partir du site qu'il a fondé seul (2010-2011). Ainsi encore, un jeune urbexeur, Cody, raconte récemment au magazine *Phosphore* : « Je suis aussi dans plusieurs groupes Facebook. Je rencontre des urbexeurs qui viennent d'un peu partout. On fait des visites ensemble, on se présente les endroits que l'on connaît[1]. » YouTube (lancé en 2005-2006) permet une diffusion de petits films de ses visites souvent sommaires et souvent aussi menées selon un scénario de découverte et de mystère, « caméra au poing ». De nombreux urbexeurs créent des chaînes pour accumuler les présentations des lieux visités, certains avec un véritable souci professionnel, on le reverra.

Avec les réseaux sociaux, la visite invite à échanger des impressions et des émotions, mais également pour les photographes des avis techniques ou esthétiques[2]. Les images circulent, suscitent des envies et des vocations. Thierry Noville, urbexeur belge, confronté à la vue de nombreux lieux abandonnés depuis son enfance – il est en né en 1969 –, souligne l'impulsion donnée par toutes les photos qui circulent en ligne depuis les années 2010. Pour Diane Dufraisy, c'est même le basculement de la pratique vers des formes plus superficielles – par rapport au temps des « pionniers » – où les lieux deviennent parfois secondaires face à l'exploit et à sa diffusion.

2. QUAND VIENT LE MOT

L'origine de l'expression et sa formalisation sont en général attribuées au Canadien Jeff Chapman dans un fanzine, *Infiltration*, publié de 1996 à 2005 (25 numéros) – « le fanzine sur des visites de lieux où vous n'êtes pas censés aller » – et qui aboutit aussi à un livre, *Accès partout. Guide pratique de l'art de l'exploration urbaine*[3]. Le terme « exploration urbaine » dans son sens contemporain se trouverait donc pour la première fois dans le numéro 1 en 1996. Urbex devient ensuite le titre d'un fanzine du Sydney Cave Clan en 1999. On ne le voit cependant émerger régulièrement dans les publications qu'en 2003-2005[4].

Dans le catalogue de la Librairie du Congrès (États-Unis), le premier livre avec le titre explicite d'exploration urbaine date de 2008 (celui d'un photographe, Troy Paiva). Cette chronologie est renforcée si l'on étudie la littérature équivalente en Europe. Dans la dense étude de près de 400 pages publiée en 2001 que Susanne Hauser consacre aux enjeux, usages et reconversions des friches industrielles, le terme urbex – ou exploration urbaine – n'est jamais employé, quand bien même l'auteure évoque les différentes visites des lieux délaissés. En France aussi, la diffusion du terme est relativement récente. Si l'on utilise la base de données de la presse, Europresse (dont la rétroconversion des collections est plus ou moins avancée selon les titres, au moins pour les principaux le milieu des années 1990), le premier emploi du terme « exploration urbaine », dans le sens indiqué, en presse écrite est dans *Libération* en 2004, qui liste les sites *ad hoc*, mais l'expression « urbex » renvoie alors à un mouvement clandestin d'utilisation illégale de sites pour des performances artistiques et autres activités patrimoniales : Urban Experiment. Ce collectif, qui rassemble différents groupes (La Mexicaine de perforation, Untergunther), visite et s'installe dans les souterrains ou autres lieux fermés de Paris, en se procurant plans et clés par tous les moyens, peu légaux souvent, et entend se singulariser par rapport aux passionnés ordinaires des catacombes – et aux « urbexeurs », qui se contentent de se promener – qualifiés de « raviolis » (des pâtes censées être leur pitance en expédition) [5]. « UX » définit sa cible comme les « délaissés urbains », des zones publiques inutilisées, entièrement ou seulement une partie du temps, notamment la nuit. Parmi ses coups d'éclat, la réparation clandestine de l'horloge du Panthéon, avec l'installation, à l'insu de l'administration, d'un véritable atelier (2005-2006).

PARMI SES COUPS D'ÉCLAT, LA RÉPARATION CLANDESTINE DE L'HORLOGE DU PANTHÉON, AVEC L'INSTALLATION, À L'INSU DE L'ADMINISTRATION, D'UN VÉRITABLE ATELIER.

Selon la même base de données (qui est un simple indicateur), le premier emploi d'« urbex », l'abrégé, pour désigner le mouvement d'ensemble, à caractère international, se trouve dans *Le Monde* en 2008 [6]. Dans le portail de revues savantes de sciences sociales Cairn, la première occurrence d'urbex date de 2012 (utilisé par Diane Scott dans *Vacarme*). Il est absent du portail Persée qui contient surtout des collections plus anciennes. Le premier titre de livre en français trouvé, qui utilise l'expression « exploration urbaine » dans un sens contemporain, date de 2008, chez un petit éditeur. C'est une « exploration urbaine » de Grenoble, des lieux abandonnés surtout, mais pas seulement. À vrai dire, le projet ne correspond pas entièrement à notre définition d'urbex car souvent les photographes se font fait accompagner par les gardiens des lieux qu'ils ont visités. L'expérimentation photographique et artistique, avec compositions, montages et couleurs écrase un peu l'objet [7]. On ne trouve l'abréviation « urbex » en titre qu'en 2016, sur un volume de l'urbexeur Timothy Hannem. Autrement dit, la constitution de l'urbex comme un mouvement identifié dans un large espace public européen et international s'est opérée à partir de 2004-2005 [8].

Pour autant tous ceux qui pratiquent ce que l'on désigne ainsi, ne reprennent pas toujours le label entièrement à leur compte. Pour Alessandro Tesei, l'usage du terme, qu'il ne prise pas, est juste un usage de facilité pour être rapidement compris, mais il considère que sa pratique ne ressemble à pas à celle, superficielle, de ceux qui ne font que prendre rapidement quelques belles photos dans un site abandonné. De même, Diane Dufraisy (née en 1980) préfère se dire « exploratrice urbaine », qu'« urbexeuse ». « urbex » est aujourd'hui, à ses yeux, devenu un terme péjoratif, n'impliquant pas d'intérêt approfondi pour les lieux, plutôt utilisé par des générations plus jeunes que la sienne. Il faudra comprendre, au chapitre suivant, ces différentes appropriations de la pratique.

3. VARIATIONS

Souvent, dans les articles de presse comme dans la notice Wikipédia, l'exploration des catacombes à Paris, ce que l'on nomme la cataphilie, est inscrite dans l'urbex, comme une variante. La pratique des catacombes est, à vrai dire, bien antérieure à la formalisation et de l'urbex et les « cataphiles » ne s'assimilent pas forcément à l'urbex. Un jeune cataphile, Antoine, qui explore en particulier les abris souterrains (il en a déjà visité une centaine) rejette même explicitement le terme, évoquant une volonté de mise en scène sur les réseaux sociaux dont il est éloigné : « je ne me considère pas comme urbexeur », tient-il à préciser[9].

De même, certains types de visite se présentent comme des formes de « spécialisations », qu'il s'agisse de la promenade sur les toits – toiturophilie – ou des visites de canalisations, le draining. L'urbexeur Gabriel G. Rodriguez, Chicago Land Urban Exploration, avoue que ce qui le motive le plus est la vue depuis les toits des sites visités. Dès lors, il privilégie les « big structures » qui autorisent de telles balades.

D'autres se concentrent sur un type de site en particulier, comme la plasticienne Timea Jankovics qui « urbexe » avant tout les asiles psychiatriques abandonnés, dont elle fait la matière de sa création artistique. Elle semble hésitante à endosser la dénomination d'« urbexeuse » qui lui est souvent accolée, soulignant à la fois la dimension solitaire et artistique de ses visites : « je fais de l'exploration asilaire », tout en pénétrant les sites « à la manière des urbexeurs »[10]. Elle souligne la dimension en même temps esthétique et mémorielle de son travail.

L'urbex se relie aussi aux adeptes du « paranormal » et aux « chasseurs de fantômes ». C'est par cette activité, qui a ses réseaux en ligne, qu'Anthony Grivel a développé des visites « urbex » plus classiques.

3.
LES URBEXEURS, « COMMUNAUTÉS » ET PRATIQUES

ANCIEN CAMP MILITAIRE DE L'ARMÉE FRANÇAISE NON LOIN DE METZ (MOSELLE), UTILISÉ COMME CAMP DE PRISONNIERS PAR LES ALLEMANDS SOUS L'OCCUPATION ET PUIS DÉLAISSÉ DANS LES ANNÉES 1990. MARS 2021.

1. UN AUTRE MONDE

Derrière les mots s'abritent donc des intentions et des méthodes fort variées. Tout cadrage trop précis de l'exploration urbaine risquerait d'être peu opératoire. Il y a, parmi les praticiens, les aventuriers qui aiment le frisson de l'interdit ou du danger, qui réside autant dans le jeu consistant à déjouer les sécurités, dans le risque de se faire attraper par les propriétaires, les gardes ou les forces de l'ordre que dans la vétusté des installations. L'Américain Gabriel G. Rodriguez souligne avant tout le plaisir d'explorer, d'arriver à entrer dans des lieux a priori inaccessibles. Le plaisir de l'adrénaline se retrouve aussi chez des urbexeurs qui vont bien au-delà, qui ont une conception patrimoniale ou intellectuelle de la pratique. Alessandro Tesei le dit clairement : « Cela en fait partie. » Parmi les urbexeurs, certains sont de véritables athlètes et acrobates qui accomplissent des visites très périlleuses demandant beaucoup de dextérité et de maîtrise de soi, en grimpant des façades, des tours, des grues, ou en parcourant des ponts suspendus inaccessibles au public.

Certains évoquent la sensation de liberté, la fuite hors de la modernité ou encore le silence si rare que l'on y trouve [1]. Bref, l'urbex devient une échappée hors du quotidien. On retrouve aussi, ici, la tradition de la ruine comme lieu de solitude recherchée, et de méditation. Certains urbexeurs accordent une grande importance aux émotions, et à une lecture « naturaliste » ou environnementale des lieux. L'interaction entre la nature et le bâti est centrale dans ce qui les attire. Brian Precious Decay dit ainsi : « Ce qui me passionne le plus dans l'exploration urbaine est la façon dont la nature reprend peu à peu ses droits[2]. » Nathanaël Wadbled n'éprouve guère d'émotion historienne ou patrimoniale mais se laisse surtout gagner par la nature envahissante, par la ruine en tant que telle, en un « tourisme de nature », qui peut-être aussi celui de l'inquiétude écologique face à la dégradation[3]. Les lieux abandonnés suscitent en effet images, méditations et analyses sur la puissance de la nature et sur l'éventuelle disparition de l'homme, sur un monde sans humains[4].

2. PHOTOGRAPHES

Il y a surtout les passionnés de l'esthétique photographique des ruines. Thierry Noville le note : le centre de sa pratique, c'est la photo, même si l'excitation de l'aventure « plaît » également. Elle peut s'inscrire dans une longue tradition, à multiples cheminements, de la photo d'industrie et de la documentation de l'abandon. Dans les années 1960, le couple de photographes Hilla et Bernd Becher parcourt les régions industrielles, comme le bassin de la Ruhr, pour photographier, selon un protocole normalisé, typologique, le paysage industriel menacé, parfois des silos et hauts fourneaux abandonnés. Mais ce temps-là n'est pas encore celui de la désindustrialisation massive, ni de la visite générale des ruines. Les Becher font école, alimentant tout un courant de l'« objectivité photographique ». La ruine et les lieux délaissés peuvent aujourd'hui encore jouer un rôle d'importance dans des projets, plus larges, qui s'inscrivent dans cette logique d'inventaire, autour des notions de disparitions et de traces, comme l'*Atlas des Régions Naturelles* d'Éric Tabuchi et Nelly Monnier lancé en 2017 qui parcourent la France pour en photographier l'ordinaire et le spécifique.

Dans les années 1980 et 1990, les évolutions politiques et socio-économiques en Europe et en Amérique du Nord conduisent les photographes, on l'a vu, à jeter un regard propre sur les lieux qui se ferment, sur la désindustrialisation, parfois dans les moments de transition, tel Julian Germain avec *Steelworks* (1990) autour de la ville de l'acier Consett dans le nord-est de l'Angleterre[5], ou Christian Bedeschinski (1990-1995) dans le monde du lignite et de l'énergie de l'est de l'Allemagne.

La photo urbex se démarque de ces décennies, en général, par deux éléments : d'une part, elle se fait souvent sans autorisation, sans lien avec les propriétaires, les exploitants ou les habitants, ce qui était plus facile dans une période transitoire ; d'autre part, le regard se pose plus encore sur l'intérieur des lieux, que l'on a justement pénétrés pour cela. Il existe même, désormais, des manuels spécialement dédiés à la photo urbex[6].

Celle-ci prend de l'importance en France en particulier avec le travail de Romain Meffre et Yves Marchand, œuvre impressionnante à la chambre photographique, exposée à partir de 2006, avec un livre marquant sur Detroit en 2010[7]. Après la ville phare de l'urbex, lieu fondateur[8], ils documentent l'île minière japonaise abandonnée de Gunkanjima, puis, entre autres projets, les théâtres-cinémas américains délaissés ou reconvertis. La perspective est historicisée : les photos de l'abandon contemporain de Gunkanjima sont mises en regard avec des clichés de l'époque d'activité, parfois exactement au même endroit et mis en perspective par des textes d'analyse[9]. Les albums de Sylvain Margaine, un pot-pourri autour du monde (casernes, châteaux, églises, usines…), imposent aussi le genre : *Forbidden Places. Explorations insolites d'un monde oublié* (2009). Le photographe présente ensuite une *France abandonnée*, de château en sanatorium, sans oublier les hauts-fourneaux d'Uckange [10].

La photo urbex est désormais devenue un genre canonique qui suscite partout dans le monde des expositions et des albums, avec des sous-genres même, comme les photos de personnages et de nus dans les ruines. La photographe Diane Dufraisy, qui compose des photos avec personnages, parfois nus parfois habillés, opère, selon ses mots, une « ré-humanisation » des lieux, jouant des contrastes entre ce qui est arrêté, et la vie, entre les matières, écaillées d'un côté, le lisse de la peau de l'autre. Elle cherche à faire évoluer le genre, se démarquer des classiques prises de vues [11].

Souvent les photographes privilégient les « hauts lieux », ces sites qu'il faut avoir faits comme un sommet pour les alpinistes, généralement prisés pour leur taille, leur monumentalité ou leur richesse esthétique. On les retrouve d'un album à l'autre, d'un site internet à l'autre, par exemple les usines automobiles de Detroit, l'ancien siège du parti communiste sur une montagne en Bulgarie, Bouzloudja, le sanatorium de Beelitz en Allemagne. Les zones d'évacuation de Tchernobyl, autour de Pripyat, sont devenues un des spots courus de l'urbex. Les bases militaires et les casernes monumentales sont souvent prisées pour faire *impressionnant*, et jouer du contraste entre le secret et la force qu'elles recelèrent et l'abandon contemporain.

Les photographes urbexeurs s'inscrivent dans différentes temporalités. Il y a ceux qui fixent un passé de temps moyen pour faire mémoire en quelque sorte, parfois dans la région qui est la leur. Thomas Kemnitz affirme : « Je conçois mon travail comme "études locales 2.0". De nombreux lieux que je documente ont un lien avec ma biographie [12]. » Le contexte ne doit pas être, ici, perdu de vue. D'autres fabriquent un urbex de temps court, après les catastrophes. Ils visitent et photographient le moment d'après, d'après un accident nucléaire ou une tempête dévastatrice, comme Kazuma Obara à Fukushima [13] ou Robert Polidori [14] à La Nouvelle-Orléans après le passage du cyclone Katrina. Les deux photographes ne se contentent pas de fixer le paysage de désolation ou les activités humaines de remises en état, mais ils entrent aussi dans les maisons et bâtiments abandonnés. Les nombreux clichés de ces intérieurs sans dessus-dessous ressemblent fort aux clichés des urbex plus ancrés dans le long abandon, avec des gros plans sur les objets. Mais ici l'urbex parle plus directement du présent, les lieux sont à peine délaissés, ravagés, qu'ils suscitent déjà la fixation photographique. Les archéologues pour leur part, plaidant de leur savoir-faire pour ce qui concerne la matérialité des choses, de leur « innocence » face à l'objet, pensent déjà à ce que peut être une archéologie du futur à Fukushima, prenant en charge la mémoire du désastre [15]. À Tomioka, la salle polyvalente abandonnée est ouverte à la visite et l'on peut dégager, envisager une stratigraphie du bâti, une étude des objets et des « non-humains » (notamment les végétaux) qui s'y développent.

D'autres formes artistiques, comme le dessin, se saisissent aussi des lieux délaissés. Marion Chombart de Lauwe a dessiné des bâtiments à l'abandon, au cours de longues campagnes d'observation (à partir de 2011) au moment de leur destruction, comme la Rhodiacéta à Besançon, les magasins généraux de Pantin ou la Fabrique à glace à Nantes. Mieux, elle a composé certains de ces dessins sur du matériel laissé sur place et récupéré par elle, par exemple les plaques métalliques des toboggans de livraison de la Rhodia ou les plinthes en acier des Magasins généraux. Certains cadrages et regards sont proches de ceux des photos urbex, mais les traits de l'auteure leur donnent toujours une force propre. La présence du dessin sur l'objet noue ensemble plusieurs aspects de l'abandon. Timothy Hannem dans ses deux volumes Urbex, en France et en Europe, associe la photo et le dessin qu'il réalise lui-même pour rendre compte de ses visites.

La diffusion de vidéos de visite sur des plateformes, en particulier YouTube, est une mode très courante de partage de l'expérience, on l'a dit, mais souvent sans considération esthétique, on en reverra les enjeux. Aujourd'hui le tournage avec un drone enrichit les cadrages et la diffusion.

Ceci dit, l'acte photographique est loin de rassembler tous les urbexeurs. Pour certains c'est une activité considérée comme seconde par rapport à l'exploration même, ainsi que l'affirme Gabriel G. Rodriguez.

3 SINGULIERS ET RIVALITÉS

La pratique de l'urbex peut s'inscrire dans un rapport au monde que l'on veut plus général, une « Weltanschauung » d'ensemble. Un urbexeur de la Loire, Éric Vial-Bonacci, « Urbex 42 », fixe dans les sites visités des livres empaquetés, accrochés de différentes manières, et les photographie : « pour questionner la liberté d'expression et la place du livre dans notre monde [16] ». Urbex Canada a fait imprimer des autocollants avec son logo qu'il appose dans les lieux, comme la signature d'un tableau du peintre qu'il est également. Pour Alessandro Tesei, l'urbex permet d'accomplir une nécessité anthropologique : le besoin de mystère et de découverte, qu'il estime ontologique et que l'on ressent dès l'enfance. Ainsi, pour certains, l'activité devient « un véritable mode de vie » : « Pour moi, l'urbex est aujourd'hui plus qu'une passion, c'est un véritable mode de vie. Qui dévore mon temps libre et me coûte beaucoup d'argent – essence, péages, hôtels, équipement photo[17]... » Bradley Garrett décrit aussi, dans les groupes qu'il a fréquentés, une « mentalité tribale » marquée par le caractère envahissant de la pratique qui peut conduire à prendre ses distances avec ceux qui n'y participent pas[18].

Si les urbexeurs peuvent faire communauté, à différentes échelles, c'est aussi dans les rivalités et compétitions que celle-ci se définit, parfois entre des groupes constitués, comme le rapporte Garrett des affrontements entre « teams » londoniennes pour craquer le premier des sites, ou encore plus récemment Kevin Peter Bingham autour du groupe des WildBoyz, entre la Grande-Bretagne et l'Océanie. Gabriel G. Rodriguez souligne l'importance d'avoir réputation et crédibilité dans le milieu et, pour cela, rien de mieux que d'avoir, le premier, trouvé ou exploré un site.

4. URBEX BUSINESS

À l'opposé des approches éco-morales, l'urbex produit aujourd'hui tout un ensemble de revenus, d'appoint ou même professionnels.

Pour les photographes, la vente porte sur les clichés voire sur des produits composés, comme des livres, des cartes de vœux ou des calendriers [19]. Ainsi le site britannique d'Obsidian Urbex (Janine Pendleton) comprend une rubrique « Shop » pour pouvoir les commander. C'est ici un revenu secondaire car l'auteure est par ailleurs géologue. Elle définit les choses ainsi : « l'Urbex est mon hobby, la science est ma passion [20] ». Abandoned Urbex Canada, au-delà des prises de vue, offre toute une gamme de « produits dérivés » à son logo, depuis les mugs jusqu'aux sweat-shirts en passant par la coque de téléphone portable [21].

Mais le caractère commercial de l'urbex se marque surtout par ceux qui en font profession. C'est le cas de François Calvier, Florian Henn, alias Mamytwink – qui se définit comme « explorateur » – et Julien Aubrée qui vivent de leur métier d'« auteur » et « vidéaste », selon la propre présentation de ce dernier. À partir d'un site et d'une chaîne YouTube autour du jeu vidéo, les perspectives s'élargissent. La première vidéo urbex est lancée en 2016 et la chaîne atteint presque 2 millions d'abonnés, l'entreprise se compose désormais de quatre personnes. Mais les productions dépassent le seul urbex : il y a aussi de nombreuses vidéos d'aventures et surtout d'anecdotes historiques, « histoires de guerre ». Outre le financement par les publicités sur YouTube, des sponsors soutiennent certaines vidéos. Le groupe prétend mettre l'« histoire » au premier plan des motivations dans les vidéos urbex : « on aime beaucoup apporter l'histoire », ce sont de « véritables reportages historiques »[22].

Gabriel et Corentin, avec leur chaîne lancée en 2017, veulent faire du « sensationnel » et mettent en scène leurs vidéos de visite scénarisées, avec des commentaires qui dramatisent le parcours, parfois avec l'arrivée filmée des gendarmes ou d'un propriétaire, ce qui permet, à travers le nombre de vues – certaines vidéos approchent le million –, de gagner de l'argent[23]. Mais eux aussi tiennent à justifier le commerce par l'histoire.

Le succès de l'urbex conduit même à la « vente » des « localisations », c'est-à-dire que, pour une poignée d'euros, on peut désormais acheter les indications qui permettent de trouver des lieux à urbexer[24]. Le choix est offert d'obtenir les coordonnées d'un seul lieu, ou de prendre un pack régional, tel « le meilleur d'Anvers ».

4.
UNE COMMUNAUTÉ RÉGLÉE ?

MOULES OUBLIÉS (POUR LA TOILE DE JUTE) DES USINES CARMICHAEL (SOMME), DANS UN SITE EN PARTIE À L'ABANDON, EN PARTIE REPRIS PAR DES PETITES ACTIVITÉS, JUILLET 2021.

De nombreux sites consacrés à l'urbex ou des sites d'urbexeurs affichent des règles de conduite censées valoir pour la « communauté ». Ce discours normatif semble fondateur, des États-Unis à la Chine en passant par l'Europe, attestant d'une globalisation, adaptable, des références. D'une part, il participe à la définition de soi des urbexeurs et d'autre part il informe aussi dans une certaine mesure les pratiques. Il convient donc de mesurer l'importance des principales « règles » diffusées.

Un élément permet de définir la communauté des « véritables » urbexeurs entendue comme un ensemble virtuel : ils ne divulguent pas les adresses des lieux visités (règle 1), ce qui implique parfois de masquer sur les photos les détails qui permettraient d'arriver à une identification précise. Dans les milieux d'urbexeurs les plus engagés, les « spots » notoires sont appelés par un nom de code comme l'Orient-Express pour un train abandonné. Certains donnent des « pseudonymes » aux lieux qu'ils évoquent pourtant en détail dans leur publication tel Matthew Christopher dans *Abandoned America*.

Dans la pratique, l'articulation du secret et du public mérite d'être analysée [1]. Le web est en effet, on l'a dit, le miroir fondateur des exploits, pour ceux qui le pensent ainsi, ou bien un centre de ressources, pour ceux qui s'inscrivent dans une démarche d'accumulation et de savoir. Il faut donc rendre publiques ses visites, ses photos sur place, pour soi, pour la construction de soi, pour se situer dans l'espace virtuel de l'urbex, ou pour faire connaître ses découvertes.

Et en même temps, les localisations précises doivent disparaître de cet espace. Les urbexeurs justifient cette règle par la nécessité de préserver les sites, tant à cause du risque qualitatif que quantitatif : pour que les lieux gardent leur aspect sauvage « urbexable », il faut qu'il n'y ait pas trop de visites et par ailleurs il convient de ne pas les livrer publiquement à d'éventuels pilleurs ou personnes mal intentionnées. Les urbexeurs s'indignent dès lors, souvent, de ceux qui diffusent les adresses de sites qui se dégradent à la suite de la publication de la localisation. Pour Nicole van de Velde, « c'est une trahison » de livrer les adresses, les gens se précipitent et cela « tue » le lieu [2].

Sans cesse, sur les sites internet et les réseaux sociaux, les demandes d'adresse se font rabrouer, parfois avec virulence, parfois plus gentiment, marquant ainsi le soupçon qui sépare le véritable urbexeur de louches intérêts.

Rares sont ceux qui considèrent l'urbex comme un partage complètement ouvert d'expériences et de connaissances à l'échelle du web comme le site Abandoned Berlin qui, non seulement, donne les adresses, mais explique comment entrer, avec quel degré de difficulté. Son auteur est même très serviable et m'a aidé à identifier une entreprise berlinoise abandonnée que j'avais visitée il y a longtemps sans noter assez précisément le lieu. Le projet de « Musée virtuel des lieux morts » (1999-2003) de Thomas Kemnitz, de l'Université des sciences appliquées de Berlin (Hochschule für Technik und Wirtschaft), avec le photographe berlinois Robert Conrad[3], fonctionne sur le même principe : le lieu est identifié, l'adresse donnée et la fiche est accompagnée de nombreuses illustrations. Ici le projet se veut plus savant, un projet de recherche formant une archive globale et visuelle. Le concepteur entend relier l'esthétique photographique/des photographes et l'apport de contenu. Il est collaboratif, chacun pouvant compléter les informations ou adjoindre des photos[4]. Plusieurs volumes ont accompagné le projet qui relève tout autant de la photo urbex que du projet savant[5]. Comme le reconnaît l'auteur lui-même, le « musée virtuel » a été cependant dépassé par le grand développement des technologies du web et l'engouement pour l'urbex, sans pouvoir s'adapter techniquement. Et, sans doute, la publicité des lieux a-t-elle pris un autre sens devant le succès de la pratique.

Timothy Hannem choisit, lui, une voie moyenne, un peu contournée, il ne donne pas l'adresse exacte mais livre des indications, ce qu'il appelle des « indices » qui permettent de localiser plus ou moins grossièrement (« À l'ouest de Paris », « golf à proximité »...). Il propose également une notation de « dangerosité ». Il témoigne des règles d'une communauté cette fois-ci concrète et plus réduite que la communauté virtuelle, définie par l'environnement de chacun, où l'on partage des pratiques et où l'on échange les savoirs, parfois sous forme négociée : « Le troc est une pratique courante entre explorateurs urbains. Nous nous échangeons des adresses de lieux insolites en toute confidentialité. Je consulte de temps en temps les sites de mes comparses et, lorsque je repère un endroit que j'aimerais explorer, la négociation commence. Il a fallu que je cède "le manoir à la lanterne" pour obtenir les informations sur ce collège fermé depuis à peine quelques années[6]. » Brian Precious Decay procède aussi par réseau : « Dans la mesure du possible, je glane également des informations auprès d'autres explorateurs, pour savoir comment entrer dans la propriété en toute discrétion. Je suis en contact avec plusieurs urbexeurs dans plusieurs pays, en qui j'ai toute confiance et à qui je peux demander des conseils[7]. »

Ce qui fait communauté, c'est d'une part le code non écrit des règles de la pratique et d'autre part les formes régulières de l'échange, mais ce sont là deux échelles différentes, la première globale, la seconde plus limitée. La notion de *confiance* revient souvent dans les entretiens que j'ai eus avec les urbexeurs et dans les travaux qui en analysent d'autres. Elle dit ce qui les relie, à la fois la connaissance pratique et celle des *bonnes* pratiques. Olga Sorukhanova n'entend faire des expéditions qu'avec des urbexeurs aguerris, pour n'avoir à gérer ni les mises en danger ni les peurs ou les surprises qui pourraient saisir un néophyte. MonsieurKurtis dit son « besoin de gens de confiance » pour les expéditions les plus délicates. Il s'inscrit dans un réseau international, souple, de la Russie au Canada – un noyau dur d'une trentaine de personnes – qui organise fêtes et rencontres urbex. Ils témoignent par là de la dimension globale de l'urbex, formant des communautés de pratique, bien plus réduites que celles des échanges en ligne.

Les urbexeurs les plus expérimentés construisent une géographie à eux, selon leurs terrains, à différentes échelles, mondiale, nationale ou régionale, à la fois typologique – certains pays ou régions ayant plus d'attrait pour tel ou tel type de lieux, usine ou château

– et pratique, selon l'accessibilité, les manières d'entrer dans un lieu, la réaction des autorités.

Les échanges, on l'a vu, tiennent également aux questions photographiques. Thierry Noville rapporte les échanges techniques avec les uns ou les autres, autour d'Instagram en particulier. Nicole van de Velde, elle, regarde ce que font ses pairs sur un lieu pour ne pas reproduire toujours le même regard. Elle définit une « petite famille », les proches, de différents pays, avec lesquels elle fait ses expéditions au sein de la plus large communauté. Facebook, on l'a dit aussi, a souvent été le lieu initial de mise en contact des urbexeurs, à travers la constitution de groupes spécialisés, où chacun se suit régulièrement, échange des impressions sur les lieux visités, « sur ce que l'on a vécu » précise Urbex Canada.

Mais tous les urbexeurs ne se définissent pas dans un lien collectif, tous ne naviguent pas à parts égales sur les différentes échelles. C'est le cas d'Urbex 42 qui n'a « pas envie » de faire partie d'une communauté. Cela ne l'empêche pas de respecter le « code » de l'urbex, celui de la communauté virtuelle. « Je touche pas, je ne ramène rien, j'essaye d'être discret, d'être respectueux, d'être silencieux[8]. »

Outre la non-divulgation des adresses, trois autres règles sont souvent énoncées par les urbexeurs qui cherchent à définir leur pratique.

L'une d'elles (règle 2) dit qu'il convient de ne rien forcer, casser ou briser pour entrer dans le site. Pour Olga Sorukhanova, celui qui brise n'est plus un « explorateur ». C'est une règle à la vérité très morale, plus qu'un code pratique. En effet, beaucoup de sites abandonnés ont été fermés, voire murés, à un moment ou un autre. Il faut donc bien que quelqu'un, un jour, les ait forcés pour qu'on puisse les urbexer. Autrement dit, l'urbexeur, respectueux du code non écrit, doit attendre que l'objet de ses désirs soit ouvert par quelqu'un d'autre. Tout praticien sait qu'il s'agit souvent d'un jeu du chat et de la souris : les propriétaires et les autorités ferment, scellent, murent, certains trouvent une faille ou forcent, puis l'on referme, et ainsi de suite. J'ai eu de nombreuses expériences de ces allers-retours, ne pouvant retourner sur un site accessible rendu hermétique ou au contraire ayant eu le bonheur d'en voir un, inaccessible, « forcé » par d'autres après ma première visite. MonsieurKurtis raconte qu'il a cherché pendant des mois « la faille » pour entrer dans une aciérie convoitée [9].

Pour ma part, j'ai respecté la règle pour l'essentiel. Je ne suis jamais allé plus loin que de forcer une porte par un coup d'épaule ou de pied, et extrêmement rarement. Certains avouent assez facilement, au fil de la conversation, avoir fait de même, voire un peu plus, mais en gardant l'idée de faire le moins de dégâts possibles, voire de les réparer en partant. Alessandro Tesei s'autorise aussi à forcer un peu les entrées à la double condition de ne pas causer de dommages, ni visibles ni irréversibles

Il y a une double justification ici. D'abord le respect des lieux que l'on visite : ne pas entrer avec bris, c'est instaurer d'emblée un rapport différent d'une effraction pour des motifs cupides ou intéressés. C'est ensuite se prémunir plus facilement contre l'accusation, qui peut ne pas rester virtuelle, de violation de propriété privée ou de délits de cette nature.

La définition d'une éthique de l'urbexeur concerne ensuite la pratique à l'intérieur du site : il convient de tout laisser en l'état et de ne rien dégrader (règle 3). La photographe Diane Dufraisy, lorsqu'elle déplace un objet ou un meuble pour ses compositions photographiques, veille à les remettre[10] « J'aime bien être respectueuse [...] pour le lieu lui-même. » Les cataphiles ont aussi leur « code » qui en est proche : ne pas laisser de détritus quand on a passé un moment dans les catacombes (repas, fêtes...), ne pas grapher n'importe où, en respectant les lieux et les plaques. En ce sens, les graffeurs ne s'inscrivent pas dans cette définition normative et morale de l'urbex. Mais ce n'est là qu'un point de vue :

pour MonsieurKurtis, les « graffeux » font partie de l'urbex, « c'est une autre branche ».

Du point de vue des sciences sociales, à notre sens, on ne peut non plus s'en tenir à cette position normative. En effet, beaucoup de sites phares de l'urbex (casernes, usines, bâtiments administratifs) ont été fermés depuis des décennies et ont connu ensuite de nombreux autres usages que ceux pour lesquels ils avaient été érigés. Si l'on prend l'exemple des usines du bloc de l'Est, certaines ont été rachetées par des groupes ou entrepreneurs privés à partir de 1990-1991, parfois plusieurs à la suite qui n'ont pas toujours occupé tout l'espace. Elles ont connu d'autres usages parfois successifs : discothèques, petits commerces, habitats informels… Autrement dit, ces intérieurs sont extrêmement vivants et évoluent, quoi qu'en pensent les urbexeurs attachés à ce code de conduite. Ils continuent à être pillés pour les ventes de métaux par exemple, abritent par intermittence des sans-domicile-fixe qui modifient aussi les lieux et des bandes ou des groupes qui – on l'a dit – les aménagent en repères de sociabilité. En ce sens, le lieu n'est pas une stase que l'urbexeur aurait à préserver mais un lieu sans cesse modifié et modifiable, par de multiples acteurs, y compris non humains, comme les animaux qui y circulent et y impriment parfois leur marque.

Enfin, une règle « finale », si l'on peut dire, veut que l'on n'emporte rien avec soi lorsque l'on quitte un site urbex (règle 4) : autrement dit, un urbexeur n'a pas d'intention mercantile, n'est ni un pilleur ni un collectionneur qui vient se servir sur place. L'idée qui préside à ces règles est qu'on laisse le site comme on l'a trouvé, pour que l'urbex puisse se poursuivre en quelque sorte. Ninjalicious écrit : « Vous n'avez pas besoin de prendre des souvenirs pour faire l'expérience d'un site et vous l'approprier[11]. »

Une sentence, attribuée originellement à une vieille association de protection de l'environnement, le Sierra Club américain, s'affiche d'un site web à l'autre, d'un propos à l'autre, en différentes langues et avec des légères modifications de formulation : ne rien prendre que des photos, ne rien laisser que des traces de pas[12].

Beaucoup de sites d'urbex sont voués à la démolition, aux destructions naturelles ou accidentelles, ou à la réhabilitation, ce qui est arrivé pour plusieurs de ceux que j'ai visités depuis le début de mon enquête (2012). Il est impressionnant, souvent, de voir un immense espace vide, là où l'on a déambulé dans de grandes bâtisses, d'autant plus lorsque l'on n'a pas suivi le processus de démolition.

Dans ce contexte, prélever des objets, des documents qui gisent dans la boue, sur le sol ou des étagères brinquebalantes, déplacer des meubles ou obstacles qui empêchent d'observer ou de prendre en photo une trace intéressante, nous semble légitime et faire partie de la vie de ces sites, même si c'est contraire au code de l'urbex. C'est ainsi que dans une usine de meubles de Wittstock/Dosse (Brandebourg) que nous avons visitée une première fois en avril 2019, nous avons prélevé quelques dossiers du personnel trouvés parmi des détritus et sur le sol. Lors d'une seconde visite en novembre de la même année, le lieu était en travaux, en voie de rénovation, et les ouvriers avaient jeté tous les documents abandonnés dans de grands sacs-poubelles. D'autres urbexeurs/seuses interviewés font de même et rapportent des documents ou de petits objets qu'ils estiment autrement voués à la destruction, pour eux, pour évoquer le site.

Plusieurs entendent aussi qu'une pratique par définition sans cadre ne devienne pas trop normative « chacun fait un peu ce qu'il veut » affirme Anthony Grivel, tout en soulignant qu'« il respecte au maximum, on touche à rien ». Au fond, dit-il, vouloir donner des règles à ce qui n'est pas légal « c'est étrange ». Alessandro Tesei dit clairement qu'il n'accorde que peu d'importance au code de l'urbex : « Je n'ai pas besoin de règles. »

5.
URBEX ET MONDE SOCIAL

USINE DE CUIRS ET PEAUX FERMÉE ET DÉLAISSÉE À MILLAU (AVEYRON). À L'INTÉRIEUR IL RESTE ENCORE DE NOMBREUSES TRACES DE L'ACTIVITÉ, ET NOTAMMENT DES ARCHIVES. OCTOBRE 2018.

1. L'URBEX, UNE PRATIQUE POUR TOUS, DE TOUS ?

Comment l'urbex peut-il s'inscrire – et se comprendre – dans un rapport plus général à la société et à l'espace contemporains ? Au-delà des enjeux pour les acteurs, quel(s) sens collectif(s) lui prêter ? La pratique de l'urbex peut d'abord se penser en termes de genre et se poser sociologiquement. Nous ne pouvons prétendre dans cet essai faire une sociologie classique du milieu, il faudrait définir un corpus d'individus, ce qui n'est pas sans poser de multiples problèmes de méthode et de choix, et semble difficile à l'échelle globale. Les travaux menés jusque-là concluent souvent que l'urbex relève surtout des classes moyennes et moins des milieux populaires. Ce qui a conduit certains critiques à dénoncer un peu rapidement, on le verra, la bourgeoisie qui vient « danser » sur le monde ouvrier défunt. Carrie Mott et Susan M. Roberts ont souligné la dimension souvent très masculine ou plutôt masculinisée de l'urbex, à travers l'exaltation de la force physique et de l'intrépidité, au moyen d'une iconographie héroïsante. Bradley Garrett évalue à 10-15 % le pourcentage de femmes parmi les urbexeuses londoniennes dans les années 2010[1]. Certains sites ou discours filent l'image de la « pénétration » des lieux, non sans analogie sexuelle, plus ou moins appuyée. Diane Dufraisy confirme un « côté sexiste » chez certains urbexeurs. Il lui est arrivé de se sentir marginalisée en tant que femme, ne serait-ce que lorsque certains entendent « rester entre mecs » pour une visite. Elle ressent aussi dans les perceptions que la masculinité favorise la notoriété[2]. Manon a vécu également des pratiques genrées en cataphilie. « Ce sont toujours les mecs qui guident », et ouvrent les plaques. Il arrive que des remarques sexistes soient adressées aux rares filles cataphiles[3].

Les pratiques genrées sont d'ailleurs assumées par certaines urbexeuses. Nicole van de Velde, elle, reprend une certaine répartition des genres, préférant dit-elle les châteaux ou les églises aux ruines industrielles : « les machines, c'est peut-être plus pour les hommes ». Elle n'a jamais, dans ses expéditions, eut à souffrir de sa qualité de femme. Au contraire, elle lui semble utile en cas de mauvaises rencontres, en particulier avec les autorités, naturellement moins méfiantes avec les femmes en vadrouille. Olga Sorukhanova (Anvers), qui urbexe surtout avec son mari, partage cette expérience.

Le propre même des transgressions dans la pratique de l'urbex peut tendre à la limiter à ceux pour qui les risques de se faire pincer ou de faire de mauvaises rencontres ont le moins de conséquences : plutôt des hommes blancs, sans soucis antérieurs avec la justice. Je me suis fait attraper plusieurs fois par les propriétaires ou gardiens du site, ou du moins des individus qui se prétendaient tels, car l'occupation de ces friches emprunte aussi des canaux informels. À plusieurs reprises, notamment dans une situation tendue avec menaces de poursuites, j'ai excipé de mon statut d'universitaire et de chercheur. Et à plusieurs reprises aussi (à Chemnitz, ancienne Karl-Marx-Stadt, Görlitz ou Francfort-sur-l'Oder), ce basculement de régime de justification a fait basculer la situation. Les gardiens, ou les occupants, m'ont laissé tranquille, ou m'ont alors proposé de m'accompagner pour me faire visiter le site ou de m'aider, et c'est moi qui in fine ai dû mettre un terme à l'échange qu'ils auraient bien poursuivi. Ce basculement s'explique d'autant plus en Allemagne de l'Est que la dévalorisation des biographies des Ossis (les habitants de l'ex-RDA) depuis 1990 leur donne peu d'occasions positives d'évoquer le (leur) passé (professionnel).

2. FAIRE MÉMOIRE

Un des principaux enjeux de l'urbex, au-delà des individus qui la pratiquent, tient à sa capacité à « faire mémoire », c'est-à-dire à accomplir un travail de mémoire pour documenter des sites qui s'effacent, ou s'effaceraient sans cela. Il convient de bien mesurer cette dimension de la pratique, car, on va le voir, elle est au cœur des débats et des critiques.

En effet dans la bouche de différents acteurs, comme pour l'historien, la pratique de l'urbex comporte cette dimension de « faire mémoire ». Dans son projet de « musée virtuel », Thomas Kemnitz affirme que ses clichés « sont une dernière possibilité de se confronter à ces lieux en transformation avant leur disparition ou un nouvel usage [4] ». Philippe Sergent ouvre son manuel de photographie urbex en expliquant qu'être urbexeur, « c'est redécouvrir la trace de l'homme, de son passé industriel, voire d'histoires plus personnelles [5] ». Thierry Noville évoque « l'histoire des petites gens », les « traces de vie ». Le professeur d'histoire d'un lycée professionnel d'Amiens, Louis Teyssedou, dit ainsi : « Avec le temps, et en réfléchissant un peu sur ma pratique, je me suis aperçu que certains lieux étaient symptomatiques d'une histoire qui n'était pas écrite.

Et pouvaient au final en être des preuves. À Amiens, l'usine Goodyear a été réduite à néant en quelques mois. Aujourd'hui, il n'en reste rien. » Il voit sa pratique évoluer et se concentrer sur l'histoire : « Et de lutter pour que cette histoire ne tombe pas dans l'oubli. » Dans un documentaire de France 3, il évoque l'urbex comme un acte « militant » : « parce que les ouvriers n'ont plus de mémoire [...] on est un peu des passeurs[6] ».

En ce sens, dans l'environnement local, visiter les lieux délaissés s'apparente à une contre-mémoire qui fait encore exister des passés délégitimés, dont les traces sont faites d'abandons, de dés-ordres, de délaissements et de détritus : les arpenter, c'est leur prêter considération, et, pour certains, résister au (nouveau) monde qui les a écrasés. Ce sentiment pourrait rester de l'ordre de l'intime, mais lorsque l'urbexeur publie ses photos en ligne, parfois agrémentées d'un historique des lieux, il exprime publiquement ce « faire mémoire » contre les destructions, les évolutions économiques. L'urbex retournerait ainsi les stigmates de ces sites, faisant

EN EFFET DANS LA BOUCHE DE DIFFÉRENTS ACTEURS, COMME POUR L'HISTORIEN, LA PRATIQUE DE L'URBEX COMPORTE CETTE DIMENSION DE « FAIRE MÉMOIRE ».

d'un abandon un lieu d'expériences. Dans un second temps, l'archivage photographique en ligne en particulier rendrait partageable et collective cette opération de dé-stigmatisation. La vue et la proximité des sites en déréliction sont souvent douloureuses aux ouvriers et employés qui ont vécu les grandes heures de la production ou de l'activité, nous en avons recueilli, après bien d'autres, de nombreux témoignages en Allemagne de l'Est. Annette S., qui avait trouvé son premier travail dans l'usine de condensateurs de Görlitz, nous a dit : « Je suis triste, ils ont tout laissé à l'abandon, personne n'a rien fait. » Pendant les premières années, elle ne voulait pas même passer devant son ancienne usine, tout en considérant aujourd'hui que la reprise économique de l'entreprise aurait été difficile[7]. Souvent, ce sont les anciens employés et ouvriers d'un site fermé qui se sont mobilisés pour en sauver ou promouvoir les vestiges, comme pour la fonderie Chappée à Sainte-Jamme-sur-Sarthe à la fin des années 1980. Ceci dit, les lieux de production ne sont pas toujours les objets de fixation des mémoires ouvrières qui peuvent passer, plutôt, par les savoir-faire et le vécu, parfois parce que les lieux ne sont intériorisés que de manière partielle, en lien avec son poste de travail. Les luttes et les enjeux sociaux de la fermeture peuvent aussi conduire à la distance au lieu [8]. À Newcastle, les mémoires des chantiers navals fermés sont contrastées et les sites mêmes sont peu thématisés par les habitants, plus préoccupés des évolutions des logements [9].

Souvent aussi les urbexeurs évoquent leur enfance pour justifier leur pratique, qu'il s'agisse du plaisir d'arpenter des lieux étranges et interdits, ou plus concrètement leur inscription dans un milieu dont la disparition – ou les évolutions – les a marqués. Urbex 42 est fils d'un ouvrier de Saint-Étienne et les usines fermées et oubliées lui rappellent celles où son père a travaillé [10]. MonsieurKurtis, lui aussi enfant d'ouvrier, vivait, enfant, près d'Uckange : « la friche U4 faisait toujours partie de ma vie ». Thomas Kemnitz souligne combien la vue des lieux en déréliction, qui avaient été ceux de sa socialisation enfantine, a motivé son intérêt pour l'inventaire des lieux oubliés.

Avant même tout processus – éventuel – de réhabilitation publique des friches, l'urbex pourrait être un premier pas dans le retournement du regard, le seul pour de nombreux sites à la vérité, qui seront détruits ou s'effondreront plus encore.

On mesure bien le contraste entre les sites en ruine, oubliés et les lieux où, au contraire, le patrimoine et l'histoire industrielle ont été valorisés, en particulier à travers l'intégration des histoires de vies ouvrières, à travers le recueil des témoignages oraux. Ces dispositifs fabriquent une configuration mémorielle tout à fait différente. Ainsi dans le musée de Hattingen au sud de la Ruhr (2000) qui s'est installé dans l'usine sidérurgique avec les hauts-fourneaux, l'expérience des anciens travailleurs de la place est centrale dans la muséographie. Différentes campagnes de récoltes de témoignages oraux ont accompagné le musée. L'exposition intègre ces histoires individuelles et les anciens ont ainsi participé au développement du lieu, qui affiche clairement la perspective d'une histoire « par en bas » et ce qu'elle comporte d'émotions [11]. En ce sens, l'urbex agirait dans cette direction, partout où ce n'est pas fait.

3. POLITIQUES DE L'URBEX

Certains, comme les géographes culturels Tim Edensor et Bradley Garrett, allouent une dimension politique plus générale à l'urbex. Le premier souligne l'aspect « anti-autoritaire » de la pratique en tout ce qu'elle porte de critique de l'ordre capitaliste et urbain [12]. Garrett écrit : « L'exploration urbaine devient un acte politique, malgré les dénégations de nombreux praticiens qui affichent des motivations apolitiques. Aller au-delà des frontières assignées oblige non seulement à repenser sa propre identité mais encore la relation entre le pouvoir et l'espace urbain [13]. » Dans son étude du groupe d'urbexeurs de Grande-Bretagne, les WildBoyz, Kevin Bingham minimise les effets de critique politique, les revendications anti-autoritaires des membres, en rejetant l'analyse de Garrett. Il les voit inscrits dans des pratiques très normées [14]. Les urbexeurs chinois semblent aussi peu portés à une lecture politique de leur pratique [15]. En un sens cependant, circuler librement partout où l'on veut devient un moyen de contourner, d'abattre ou de détourner les contraintes du capitalisme de surveillance contemporain. L'occupation de l'espace, la circulation ne dépend plus des assignations variées qui dessinent le possible dans les villes. C'est l'individu qui décide alors de ce qui est un espace visitable, qui en mesure l'intérêt et les risques. S'il est un praticien réflexif et régulier, il (se) dessine une géographie renouvelée de son environnement, ou même plus largement de ses déplacements, car on a vu que les urbexeurs sont souvent voyageurs.

Ainsi, l'urbex rend actifs les sujets dans leur rapport à l'espace, quand tout, autrement, leur est spatialement prescrit [16]. Il ne s'agit plus d'être seulement spectateur. Le manuel d'urbex du fameux Ninjalicious s'ouvre sur l'opposition entre l'urbex et la consommation passive de distractions [17].

Sans intérêts commerciaux ou lucratifs – en théorie –, l'urbexeur peut vouloir agir en dehors de – voire contre – la marchandisation de l'espace capitaliste. Le groupe LTV Squad à New York affiche ses objectifs civiques : participer à forger la ville que l'on veut avoir, en matière de libertés en particulier ou de défense des espaces verts [18]. Dans sa forme extrême, l'infiltration, qui consiste à déjouer des systèmes de sécurité sophistiqués, sans but autre que de se promener dans les sites ainsi forcés, l'urbex apparaît comme une saisie libertaire ou anti-autoritaire de l'espace [19].

LE MANUEL D'URBEX DU FAMEUX NINJALICIOUS S'OUVRE SUR L'OPPOSITION ENTRE L'URBEX ET LA CONSOMMATION PASSIVE DE DISTRACTIONS.

La pratique toucherait à toutes les formes d'initiative civile, qui contournent les systèmes de pouvoir pour rendre transparents certains mécanismes de domination ou du moins des formes discrètes ou secrètes d'exercice du pouvoir. Les parallèles entre le hacking informatique et l'urbex sont fréquents, dès les publications de Ninjalicious[20]. Le travail de Bradley Garrett s'inscrit dans ce registre sémantique du hacking, du « craquage » de site. Il fait le lien entre l'une de ses expéditions dans un lieu de stockage d'archives et le procédé du WikiLeaks de Julian Assange. Deux urbexeurs, phreakmonkey et mutantMandias, dans une vidéo et le Powerpoint de présentation de l'activité en ligne, font un parallèle systématique entre les hackers et les urbexeurs, par exemple un certain sens de la supériorité morale face au caractère illégal de la pratique[21]. Le parallèle se retrouve ailleurs et se justifie doublement : urbexeurs et hackers doivent d'abord trouver le moyen de « rentrer », et ensuite ils entendent circuler librement, comme bon leur semble, dans les espaces ainsi « forcés »[22].

Au-delà des intentions reste à interroger les conséquences politiques et collectives de la pratique. Comment passer des expéditions, des pratiques de quelques-uns, même lorsqu'elles suscitent l'inquiétude des autorités et l'intérêt du public, à une véritable production d'un espace alternatif ? d'un « espace de contestation » par la déambulation ? Et comment penser l'articulation d'un urbex anti-autoritaire avec les autres formes d'occupation des espaces en friches (travail de subsistance plus ou moins légal, squats, logement-refuge, friches culturelles…) ? Les mouvements d'occupation des places publiques montrent que ces transformations sont loin d'être évidentes.

Les militants et théoriciens des « villes rebelles » ou des « villes radicales », qui comportent de multiples aspects, thématisent aussi les zones désertées. Elles font partie de l'« instable », de ce qui rend la ville moins ordonnée, moins installée. L'instable pourrait permettre de fonder une nouvelle urbanité. Dans ces espaces de contestation, figure ce que certains auteurs, derrière Henri Lefebvre, nomment la« ville spectrale », celle de fantômes de l'espace urbain, c'est-à-dire tous les passés qui sont encore là, par bribes, dans les ruines : « L'analyse spectrale tente de trouver et de découvrir les fantômes urbains des différents passés qui vivent dans les résidus discursifs et matériels des environnements urbains. Nous soutenons que la prise en compte des dimensions hantées et obsédantes qui habitent l'histoire permet de réorienter les conceptions linéaires de la temporalité et de la spatialité[23]. » Loin d'un espace assigné et organisé, qu'il faut simplement décrire, la ville devient contingence, absence, et ses trous, ses vides et ses friches le lieu des possibles.

A minima, on peut donc soutenir que l'articulation dans l'urbex d'un « faire mémoire » alternatif, et d'une saisie personnelle, critique et illégale d'un espace autrefois légitime peut conduire à une certaine subversion.

4. LE PORNO DES RUINES ?

À vrai dire, bien des analystes livrent une version beaucoup plus critique des rapports entre urbex et politique, pointant au contraire tous les effets d'affadissement des enjeux sociaux chez de nombreux explorateurs urbains. Cela tient d'abord au caractère esthétique des récits et images qui se plaisent à dépeindre la « beauté du mort », les qualités visuelles de ces lieux abandonnés. En lien, les récits des urbexeurs racontent les émotions du locuteur face à ces ruines érigées en exotisme, objets d'un art décalé, d'un art rebelle [24]. L'écrivain de Detroit Paul Clemens, dans *Punching Out* (2011), suit le démantèlement d'une usine automobile dans sa ville natale. C'est pour lui l'occasion de dénoncer les explorateurs urbains, ces « spéléologues » munis d'appareils photos, de poésie et de *french theory* qui viennent de l'extérieur – sans respect ni authenticité – contempler les ruines, ainsi trivialisées, en voyeurs. Esthétique et émotions écarteraient toute véritable plongée dans l'histoire des lieux. On voit bien, aussi, que chez les urbexeurs réflexifs, les pratiques de ceux qui viennent juste se faire peur et prendre quelques photos pour se mettre en scène suscitent une critique de fond. Ce point de vue s'inscrit souvent dans un regard chronologique, pour lequel les temps anciens de l'urbex, avant l'extension de la pratique, étaient ceux d'une activité plus respectueuse et authentique.

Ainsi de nombreux albums photographiques de sites en ruine, ou d'urbex, souvent très beaux, intéressants, ne permettent pas de saisir ce qui se joue, ce qui s'est joué dans un lieu. On les classe dans les « livres de table de salon », *coffee table books* qui servent de décoration, que l'on peut feuilleter pour engager la discussion, mais qui semblent exclure toute profondeur [25]. L'absence de tout contexte, de toute contextualisation semble comme limiter la portée des photographies, ordonnées en une sorte de typologie des formes, aussi parlantes soient-elles, pourtant [26]. Que l'on pense, pour des photographes de talent, aux fermes islandaises abandonnées d'Orri Jónsson (*Interiors*, 2011) ou aux villages fantômes d'Allemagne de l'Ouest de Laurenz Berges (*Etzweiler*, 2005). C'est frappant encore dans l'album *Spirit of Place* d'Aurélien Villette (2015). Ailleurs, les notices portent sur un bref historique des lieux mais, finalement, qui ne dit rien de *ce qui est montré à voir*. Thierry Noville, très sensible aux traces et à l'histoire des lieux, publie cependant un livre sur les traces soviétiques en Allemagne de l'Est sans aucune situation ni commentaire dans l'album [27]. Le géographe Tim Edensor dans ses réflexions et analyses, souvent fines, ne tient jamais compte ou presque du contexte, de la géographie des lieux et néglige aussi le souci de démonstration.

Critique de la critique, le photographe américain Matthew Christopher souligne que l'on attend, lorsque des ruines sont photographiées, une histoire et un contexte, une défense du lieu, mais que cette attente pose aussi un cadre qui peut faire office d'obstacle à la création et conduit à la production de discours convenus de déploration [28]. L'histoire sociale contre l'esthétique ?

L'ABSENCE DE TOUT CONTEXTE, DE TOUTE CONTEXTUALISATION SEMBLE COMME LIMITER LA PORTÉE DES PHOTOGRAPHIES, ORDONNÉES EN UNE SORTE DE TYPOLOGIE DES FORMES.

Une des premières expositions consacrées en propre et comme tel à l'urbex à Paris a eu lieu dans le siège du Parti communiste, à l'espace Niemeyer, en 2016 sous l'égide du musée de la Poste. Le contraste entre le style du lieu, les murs en béton et les photos offrait une belle expérience visuelle. Mais là aussi, le dispositif ne prévoyait aucune historicisation ou contextualisation des images, que complétait un intéressant documentaire en projection continue, *Urban Escape*, sur la pratique de l'exploration urbaine (2014). Le catalogue n'apporte pas, non plus, d'informations ou de mise en contexte des lieux[29].

Marchand et Meffre, eux, sont attentifs à situer ce qu'ils montrent dans un contexte historique et social à travers des textes informatifs, ou de spécialistes, comme celui de l'universitaire Thomas J. Sugrue qui fait le point en introduction sur l'histoire de Detroit. Aux États-Unis, des habitants de la *rust belt*, la « ceinture de rouille » (autour de Chicago, Detroit, Pittsburg…), réagissent ainsi contre la mise en scène des ruines en voulant charger d'histoire et de contenu le regard sur la désindustrialisation, en forme de revendication d'un rapport plus « authentique » au lieu et au moyen de rencontres et publications, et ont forgé l'expression un peu ironique : « Rust Belt Chic ». Il convient de faire entendre la voix des générations véritablement héritières de ce monde du travail délaissé[30].

Dans mes travaux sur l'ex-Allemagne de l'Est, j'ai voulu sortir l'urbex des perspectives esthétisantes ou ludiques [31]. L'urbex ne fait sens pour moi que située dans un contexte historique, géographique et social [32]. Nous avons ainsi, avec le photographe professionnel Pierre-Jérôme Adjedj et l'historienne Rita Aldenhoff-Hübinger, conçu une exposition (mai-juin 2017) en liant des photos de lieux abandonnés de Francfort-sur-l'Oder (prises par Pierre-Jérôme Adjedj), des objets délaissés, trouvés sur place – tels des bouteilles de jus de citron, une affiche de la conquête spatiale, un standard téléphonique – et un commentaire historique/historien. L'idée était, par ce triptyque, et les différents regards qui pouvaient circuler d'un de ses membres à l'autre (photo, objet, texte), d'ouvrir à une réflexion sur l'abandon, mais munis d'un minimum de savoir sur son contexte [33].

5. URBEX ET TOURISME

Une autre forme d'affadissement de la dimension sociale, du potentiel critique des friches tiendrait dans l'institutionnalisation de l'urbex. Il y a une attractivité propre aux lieux abandonnés qui se marque par différentes formes de marchandisation. D'abord, en première instance, ils servent souvent à des images publicitaires [34]. Mettre l'objet, l'individu, ou les groupes en situation d'urbex, c'est donc *valoriser*, qu'il s'agisse d'un jeu sur la sauvagerie, sur l'ailleurs, de faire croire au danger ou de mimer la force de l'aventurier. Ainsi les lieux abandonnés sont souvent choisis pour des tournages de clips musicaux. L'immense succès d'Alan Walker, *Faded* – 3 milliards de vues sur Youtube –, est entièrement filmé dans un contexte et sur un scénario d'urbex. À l'échelle locale, le groupe Lady H se fait même aider par Urbex 42 pour faire des photographies de promotion dans des usines vides [35].

Certains sites délaissés font en outre l'objet, de plus en plus, d'une appropriation commerciale avec des visites payantes, qui jouent tantôt de la filiation avec l'urbex, tantôt de la revalorisation du site pour de nouveaux usages. Ces friches sont devenues des enjeux touristiques. Les parcours canalisés ne cessent de se développer et prennent un tour de plus en plus organisé [36]. Il faut alors penser urbex et tourisme, urbex et patrimoine [37]. À Berlin comme à Detroit se développent des offres de visites de lieux abandonnés avec un degré d'institutionnalisation et de légalité variable. Dans ces deux villes, dans deux contextes socio-économiques différents, les circuits se sont mis en place à partir 2010-2011. Les opérateurs offrent en quelque sorte un *urbex sous contrôle*, ce qu'Aude le Gallou qualifie de « tourisme de ruine », où l'accès et la sécurité sont relativement assurés, tout en proposant, ou mimant, une partie de l'expérience des lieux abandonnés et permettant d'en faire des photos, un élément, on l'a vu, central de l'urbex[38].

La pratique se développe dans des villes de moindre ampleur. En 2019, dans la belle ville de Görlitz (Saxe), où le tourisme est un enjeu économique central, autour du décor et du charme *Mitteleuropa*, est officiellement proposée, parmi les autres thèmes, une visite « lieux oubliés » (*vergessene Orte*) centrée sur les entreprises et institutions abandonnées. Le parcours est annoncé sur le site de la ville et organisé par une petite association patrimoniale privée. C'est à l'été 2017 qu'ont été lancées ces « Visites des lieux abandonnés de Görlitz » (*Görlitz Lost places Tour(en)*) à l'initiative de Daniel Breutmann. Les autorités locales soutiennent le projet et son développement grâce l'insertion de l'initiateur dans les institutions touristiques. C'est ainsi le bureau d'information de la ville qui s'occupe des réservations. Contrairement à certains Tour Operators de Detroit, et comme à Berlin, ici l'accord des propriétaires est systématique.

Breutmann avait auparavant observé l'intérêt et le dynamisme de la « scène » urbex.

Mais c'est aussi un familier de ces lieux depuis le début des années 2000 : lors de son retour à Görlitz après des années à l'étranger, il avait été intrigué par tous ces bâtiments que l'on pouvait pénétrer. Il les avait visités sans autorisation, mais sans briser, comme les urbexeurs, photographiant à l'occasion et collectionnant notamment des morceaux de papier peint récupérés [39]. Du point de vue professionnel, il a été employé dans le projet qui voulait faire de Görlitz une « capitale de la culture », puis dans les institutions locales qui procèdent du même mouvement. Dans ce cadre, des projets culturels autour d'usines abandonnées sont aussi envisagés.

La visite relie plusieurs sites en friche pour une durée d'environ 4 heures et de 7 kilomètres. Récemment (2020) s'est ajoutée une version en « e-scooter » et l'on peut encore réserver un « Foto-Tour » au nombre plus limité de participants. Des circuits pour des groupes particuliers peuvent être organisés. Les anciens employés et ouvriers des lieux abandonnés ont été sollicités pour livrer leurs souvenirs et leurs témoignages enregistrés. Ce qui est intéressant ici, c'est que Breutmann inscrit les visites guidées dans une valorisation plus générale de l'héritage patrimonial et industriel de la ville. Les deux guides, Breutmann lui-même et Uwe Lehmann, s'appuient sur une documentation rassemblée dans un classeur qui est aussi montrée aux participants [40]. Le guide utilise également son histoire familiale locale pour illustrer le propos. Sous certaines conditions, il laisse, selon le modèle berlinois, le groupe déambuler librement dans les lieux, comme un urbex sous contrôle, les parties les plus à risque étant barrées.

Dans les présentations du projet, Breutmann prend bien soin de le relier à l'engouement et au mouvement mondial d'intérêt pour les lieux abandonnés (incarné notamment par l'urbex) Il est convaincu que toutes ces friches ont « de passionnantes histoires à raconter » et inscrit les « tours » dans tout un ensemble de projets patrimoniaux et artistiques. Reste que cela demeure aux yeux des acteurs du tourisme à Görlitz, comme ailleurs, encore une affaire de niches. Le responsable d'un bureau de tourisme privé nous a dit qu'ils ne considéraient pas cela comme une affaire importante pour le tourisme de la ville [41]. L'office du tourisme y voit lui également un public de « niche » mais n'en est pas moins très satisfait de cette offre qui rencontre celui intéressé par la photo [42]. Il est vrai que le bureau prélève 10 % du montant des entrées. Le directeur du développement explique qu'il n'y a aucune prévention contre la promotion d'un tourisme industriel, mais que ce n'est simplement pas une priorité, encore, à Görlitz[43].

La capitale de l'Ukraine, Kiev, propose aussi désormais un « Kiev Urbex Tour » centré sur des visites underground, de souterrains et canalisations[44].

On voit bien, au final, que deux pôles de la pratique sont en tension, celui de l'aventure et de l'esthétique, et celui de l'acte social. Le premier est critiqué pour donner peu de place à l'histoire sociale des sites visités. Il est vrai que les récits prêtent rarement attention à l'histoire des forces productives, à l'histoire du travail, voire au processus de fermeture et aux rapports de force dont ils ont été l'objet, ils recourent peu à l'histoire orale qui permet de restituer la parole de ceux qui ont vécu, habité ou travaillé sur les lieux. Souvent, pourtant, les populations sont restées sur place et il suffit de peu d'efforts pour rencontrer ces anciens occupants. L'absence de tout contexte historique et social réduit alors la photographie à ce que l'on appelle d'une manière souvent péjorative une « pornogra-

LA CAPITALE DE L'UKRAINE, KIEV, PROPOSE AUSSI DÉSORMAIS UN « KIEV URBEX TOUR » CENTRÉ SUR DES VISITES UNDERGROUND DE SOUTERRAINS ET CANALISATIONS.

phie des ruines » (*ruin porn*). Ce terme désigne une forme d'excitation voyeuriste, de plaisir voyeur sans autre fin que lui-même, à quoi peut s'ajouter l'accumulation compulsive des prises de vues. Ainsi, de nombreux clichés pourraient se situer partout et nulle part, et ne parlent pas du lieu photographié en particulier.

Aussi justifiées soient-elles – pour certaines pratiques – ces analyses ne doivent cependant pas masquer le potentiel critique de l'exploration urbaine. D'une part, associée à un travail d'histoire ou de sciences sociales, l'urbex peut conduire à redonner de la consistance à des espaces dévalués, à les réinterroger, à faire voir autrement les processus d'abandon et même à les interrompre en favorisant des mises en valeur, dont les anciens occupants des sites peuvent être les acteurs. D'autre part, l'« illégalisme » spatial sans quête de profit s'affirme comme un horizon critique, dont les portées restent à penser face au mouvement contraire de fermeture et de surveillance croissantes des espaces urbains.

6.
LA CONNAISSANCE PAR L'URBEX ?

ARCHIVES À L'ABANDON DANS UNE GRANDE USINE DE MACHINES (TOURS), D'UN IMPORTANT COMBINAT À L'ÉPOQUE DE LA RDA, À CHEMNITZ (SAXE), JUILLET 2021.

Comment des visites clandestines dans des usines, des villas, des hôpitaux ou des maisons de la culture abandonnés, voire des tunnels, participent-elles, ou peuvent-elles participer, à enrichir les savoirs, qu'il s'agisse de connaissances locales ou de résultats de sciences sociales ? Pour répondre, il convient d'abord de s'intéresser aux propos des acteurs eux-mêmes qui soulignent la dimension historienne ou cognitive de leur pratique. Il y a là tout un discours endogène. Un urbexeur de Montréal explique ainsi son activité : « Ça suppose de la recherche, de la stratégie, et on développe des intérêts connexes, pour la ville à d'autres époques par exemple[1]. » Le photographe Sylvain Margaine raconte que ce qui le motivait dans ses visites de lieux oubliés ou délaissés dans les années 1990, avant même de faire de la photographie professionnelle, c'était d'« inventorier le « petit patrimoine avant qu'il ne disparaisse » (friches industrielles, patrimoine civil)[2].

Certains inscrivent le moment propre de l'exploration urbaine dans une continuité érudite. En amont, ils expliquent s'être documentés sur les lieux visités et en aval ils restituent une part de leurs trouvailles, de leurs déambulations ou de leur savoir sous de multiples formes, à travers des récits ou une mise en ligne organisée de leurs photos. Il y a ici bien sûr d'abord la simple recherche pour identifier un lieu, mais cela va au-delà [3]. Le groupe new-yorkais LTV Squad, qui développe les explorations urbaines dans les années 1990, se présente comme soucieux de « documentation », affichant même un plan de masse sur son site. Il entend mener « une plongée profonde de recherche dans l'histoire industrielle de New York [4] ». Pierre-Henry Muller raconte que, parmi ses motivations, « la plus intéressante à [ses] yeux, c'est toute la phase de recherche (adresses, dates, histoires, témoignages) » [5]. De manière affirmée, Alessandro Tesei ne conçoit pas l'urbex sans cette démarche personnelle de recherche : faire de telles visites n'a de sens qu'à travers ce processus actif, par une appropriation de l'enquête. Il n'y a pas d'intérêt à simplement suivre les indications des autres, dès lors l'explorateur urbain n'apprécie guère ceux qui s'en tiennent à suivre ce qu'il a déjà présenté et documenté. En introduction à son *Urbex, patrimoine mondial*, MonsieurKurtis écrit : « À force d'explorer les bâtiments à l'abandon, je me suis de plus en plus intéressé au patrimoine, mais aussi au fonctionnement de la ville dans sa globalité [6]. »

L'Allemagne de l'Est, riche en friches, ruines et histoires oubliées, offre un terrain de choix. Mirko H., qui rassemble ses expériences d'urbex en Saxe sur une chaîne YouTube, dit tout son intérêt à rechercher l'histoire des bâtiments[7]. Kerstin Lucklum explique : « Il s'agit avant tout de documenter[8]. » Un grand projet documentaire d'Enno Seifried (à partir de 2011-2012), « Histoires derrière des murs oubliés », enquête ainsi sur les lieux abandonnés de la région du Harz et de Leipzig – qui en disent parfois plus que « les livres d'histoire » selon l'introduction – en interrogeant anciens habitants ou usagers des lieux (graffeurs, photographes, geocacheurs...), des témoins ou des spécialistes, et en laissant la parole se déployer. Ceux qui ont connu les lieux actifs sont aussi conduits sur place pour les décrire et éclairer leur histoire, parfois dans l'endroit même où ils ont travaillé. Une voix off introduit les lieux et leurs usages à travers le temps. L'intention documentaire est centrale avec un montage professionnel, contrairement à de nombreuses vidéos amateurs qui circulent en ligne[9].

Il y a encore une revue, *Rottenplaces*, rédigée en allemand, gratuite en ligne et payante sous sa forme papier, qui paraît régulièrement depuis 2013. Elle est centrée sur des reportages photographiques de belle qualité et livre aussi des informations sur l'état du patrimoine en général et l'évolution des sites observés. Si les clichés des lieux, dont la localisation précise n'est en général pas indiquée comme le veut le « code » de l'urbex, font l'attrait de la revue, l'auteur, André Winternitz, les accompagne presque toujours d'un petit historique précis, documentaire, l'histoire de la caserne ou de l'entreprise, et appelle les lecteurs à compléter l'information.

En France, Timothy Hannem ancre sa pratique de l'urbex et ses publications (livres, site web) dans un travail sur le passé, de « documentation ». Il écrit ainsi dans son *Urbex : 50 lieux secrets et abandonnés en France* : « Mes études en architecture ont donné une nouvelle dimension à mes pérégrinations insolites. J'essaie de tout connaître ou presque des bâtiments que je visite [...]. L'exploration urbaine (urbex) m'offre l'occasion de reconstituer le cours des événements passés. » Lorsque je lui demande de préciser ce qu'il entend par se documenter, il explique : « Oui, il m'arrive d'aller en bibliothèque consulter des livres qui ne sont pas sur Gallica ou Google Books. À l'occasion j'achète directement à des sites qui vendent de vieux magazines anciens. J'ai prévu d'aller aux Archives du monde du travail de Roubaix prochainement pour consulter les plans d'un ancien château (qui ne sont nulle part sur internet) qui ne sont consultables que sur place [10]. » Des internautes le contactent ensuite pour enrichir sa documentation. L'explorateur fait mémoire : « La vie de certains bâtiments se poursuit sur Glauque-Land [le site] alors que nombre d'entre eux ont été condamnés, voire détruits ou réhabilités. Mes photos prennent soudain une valeur historique [...] il est important pour moi de témoigner [...] Mon objectif est de constituer, sans prétention, une sorte de documentation. » Plusieurs urbexeurs, d'orientation différente, disent que leurs lieux préférés sont ceux où l'on trouve de la documentation qui permet d'en savoir plus sur ce qu'on est en train de découvrir, qu'il s'agisse de petites maisons au Canada ou de palais en Italie [11]. Alessandro Tesei aime à reconstituer l'histoire des lieux en parlant avec les habitants, sur place.

Certains se réjouissent, à travers leur recherche et expéditions, de remettre en contact des anciens élèves ou collègues [12]. Les urbexeurs reçoivent des témoignages sur l'usage des lieux après publication en ligne [13]. Ainsi, certains projets, issus de l'urbex, produisent des effets bien au-delà de la pratique et relèvent d'une approche du « patrimoine par le bas », *heritage from below* – même si le terme mérite de plus amples discussions –, c'est-à-dire des actions patrimoniales engagées par des acteurs locaux, non professionnels, souvent sous forme d'activisme mémoriel et de « contre-récits ». En témoigne le site consacré par Winch à l'hôpital de Cane Hill au sud de Londres (canehill.org), qui allie urbex, travail sur les sources, recueil de témoignages et forum d'échanges. Des posts de maternités abandonnées en Angleterre amènent aussi à des partages d'expériences et à des discours critiques autour des photos de l'abandon, libérant, selon Holly Prescott, une parole et une expérience enfermées et limitées dans l'institution hospitalière et par les techniques gravidiques. Les échanges en ligne s'étendent aux politiques de santé[14].

Comme l'indique la remarque introductive citée d'une des vidéos de Seifried, les urbexeurs valorisent souvent un rapport au passé spécifique à travers les visites de ces lieux abandonnés. Ici, face à de supposés récits officiels, « les récits conventionnels de l'histoire », face à une histoire intellectuelle et académique, pourrait se déployer un lien émotionnel et sensoriel au passé, plus personnel, de « contre-topographies »[15].

> **LA VIE DE CERTAINS BÂTIMENTS SE POURSUIT SUR GLAUQUELAND [LE SITE] ALORS QUE NOMBRE D'ENTRE EUX ONT ÉTÉ CONDAMNÉS, VOIRE DÉTRUITS OU RÉHABILITÉS.**

La continuité documentaire bâtie par l'explorateur urbain – préparation/visite/restitution – ouvrirait des territoires que l'histoire « officielle » (celle des États ou des « manuels ») aurait délaissés ou abandonnés, par négligence ou par choix, ceux de groupes sociaux ou d'espaces marginalisés. Martin Schramme, dont le site Artefakte puis Patifakte recense au moyen de photographies et d'informations les traces du passé et notamment de RDA, voit ces lieux comme de « vrais témoignages » : « J'ai compris combien c'était plus passionnant que l'histoire de seconde main, que les pouvoirs manipulent et colorient à leur guise. » Winternitz explique aussi, dans le premier numéro de *Rottenplaces*, que l'archivage que n'arrivent pas à faire les conservateurs du patrimoine ou les cercles historiques, est réalisé par les photographes en urbex. Ce sentiment d'écrire une « contre-histoire », de faire jaillir une autre histoire, parcourt l'œuvre de l'universitaire Bradley L. Garrett, praticien et analyste de l'urbex. Dans une sentence qui sert de leitmotiv, il dit notamment : « Là où l'histoire est enterrée, nous allons l'exhumer. » Du coup, l'urbex peut s'inscrire dans les luttes mémorielles locales : « urbexer » des lieux qui ont été le fleuron de l'industrie ou de la culture locales revient à leur redonner une valeur. Sarah Rojon l'a constaté pour Saint-Étienne où l'un des photographes interrogés, fils d'un ouvrier immigré, dit clairement : « Garder une trace [...] ça fait un peu mémoire [16]. »

Reste que, dans la plupart des exemples que nous avons relevés, on note peu d'appropriations du travail classique de l'historien ou du chercheur, peu de tentatives de connexion. En effet, de nombreux sites d'urbex pourraient être documentés par un travail d'archives ou de compilation de sources variées et de confrontation critique de ces matériaux entre eux. Bien des formes d'une « histoire populaire » – *history from below* – ne l'excluent pas. Or souvent l'opération historique, et plus encore historiographique, n'est pas intégrée dans ces discours documentaires, avant tout des mises en récit de données chronologiques, voire de vagues propos sur le passé ou le patrimoine [17]. Dans nos travaux, nous avons ainsi souhaité contribuer à réintégrer les opérations historiques et historiographiques dans la pratique de l'urbex [18].

Les usages savants et critiques de l'urbex apparaissent multiples, mais nécessitent tous l'élaboration d'un questionnaire propre, qui peut d'ailleurs varier pour un même espace. Le questionnaire peut encore interagir avec les débats locaux sur les lieux, lorsqu'ils existent, lorsque l'avenir du site est en discussion.

Le premier usage est à la fois géographique et ethnographique. Les sites et lieux à l'abandon dessinent des espaces propres, à plusieurs échelles, parfois fort importants dans le tissu urbain. Pour en mesurer l'inscription spatiale et les usages, rien ne remplace leur visite approfondie, la lente déambulation. « Urbexer » un lieu, des lieux dans une même ville donne une perception de l'espace, représenté et vécu, aussi dense qu'en prise avec les acteurs locaux. Cela permet de mieux historiciser, car la déambulation d'un lieu à l'autre permet de reconstituer des déplacements, des circuits, des géographies virtuelles.

Judith Audin utilise, elle, les ruines et l'urbex comme « outil méthodologique », pour porter un regard critique et analytique sur le développement urbain en Chine. C'est même, dans son travail, une méthode centrale. « Pour l'ethnographe, écrit-elle, pénétrer dans ces lieux avant rénovation, démolition ou réhabilitation est utile car les espaces industriels en fonctionnement sont difficilement accessibles à un enquêteur extérieur (notamment étranger), et en cas d'autorisation ne sont que partiellement visitables. S'introduire dans une friche industrielle permet de s'approcher de l'ensemble des infrastructures de production, d'identifier le fonctionnement de l'usine, sa géographie et son environnement social (tableaux de présence et de répartition des tâches, messages de propagande, casiers des ouvriers, bureaux administratifs) [19]. » Les données sont ici insuffisantes par ailleurs, et certains moments, comme la première société de consommation dans les années 1990, peu observés ou documentés[20]. La chercheuse utilise aussi l'urbex pour travailler sur les quartiers en dépeuplement.

Les activités que les lieux abandonnés peuvent aujourd'hui abriter, légales ou illégales, sont souvent précaires. Une équipe de sociologues a montré comment, à Roubaix, la désindustrialisation a laissé vacants tout un ensemble d'espaces, productifs ou de stockage, qui sont récupérés par les milieux populaires pour recomposer leurs activités (comme la mécanique auto), souvent modestes, plus ou moins légales, mais fondées sur tout un réseau de solidarités locales, formant en quelque sorte une nouvelle « centralité populaire »[21]. Les sites d'immenses combinats ou entreprises dans le bloc de l'Est sont souvent fractionnés entre de multiples occupants qui n'en possèdent ou n'en utilisent qu'une partie, parfois infime, comme l'abattoir de Poznan (Pologne) qui est à la fois marché aux puces tout à fait organisé, et *lost place* par excellence. À Ivanovo, grande ville du textile soviétique, il n'y a eu que peu de développements nouveaux dans les années 1990 et le textile a été relancé, à moindre échelle. Bien des sites sont dans l'*entre-deux* : certaines usines sont en activité dans une partie du site, tout en gardant des parties abandonnées, d'autres servent à des petits commerces plus modestes. Parfois même les habitants ne savent pas si l'usine fonctionne encore[22]. À Beeskow, dans l'ex-RDA, l'Institut de la défense civile de l'époque a été, pour la majorité des bâtiments, longtemps abandonné, immense friche, tandis que certaines petites parties ont été reprises, ainsi par une modeste entreprise de taxis et quelques autres. L'espace était alors dessiné entre les friches et les renouveaux, sans cesse mouvant, et ne se comprenait que par une visite qui prend son temps, voire qui se renouvelle. Certains de ces lieux sont peu perceptibles autrement que par l'urbex. À la lecture d'enquêtes anthropologiques sur la désindustrialisation, on voit bien le manque lorsque les chercheurs/ses sont resté(e)s à la porte des usines et des friches, s'en tenant à leur inaccessibilité apparente. Les lieux sont considérés comme un tout, peu différenciés les uns des autres et dès lors les entretiens avec les témoins paraissent peu ancrés et les conclusions s'en ressentent, paraissent parfois bien vagues.

Le spécialiste d'architecture et curateur Michael Zinganel intègre la visite de type urbex dans son projet de recherches et d'exposition sur l'architecture des lieux de vacances depuis l'époque socialiste en Bulgarie et Croatie (« *Holidays after the Fall* »), organisant ainsi des tours pour ses collègues et des étudiants dans les sites abandonnés : « *Palaces and Ruins of Socialist Hotels and Resorts* » (2013). La richesse historique des sites permet aussi, entre exploration urbaine et archéologie, de mener des projets pédagogiques avec des élèves, comme cela a été fait à Marseille avec des classes primaires autour de friches industrielles, de restes de tuileries du quartier de l'Estaque[23].

Ajoutons que l'historien retrouve aussi, parfois, des inscriptions et des décors d'intérêt. Urbexer signifie bien sûr franchir les enceintes de ces sites, arpenter le terrain et l'intérieur du bâti. Là, les découvertes ne sont pas rares. Compte tenu des évolutions socio-économiques et mémorielles dont on a parlé, on retrouve couramment dans ces lieux des œuvres d'art de l'époque d'activité : peintures, fresques, mosaïques… À défaut de les préserver, la prise de vue permet au moins d'en garder des traces, celle de leur contexte, ne serait-ce que celui de leur abandon. De même, inscriptions et graffitis de différentes périodes sont souvent riches de sens, notamment ceux des temps de lutte, et peuvent être étudiés en série.

L'urbex, telle que je le pratique, consiste encore à fouiller sur place d'infinis tas de détritus, des couches de déchets dont la sédimentation témoigne d'historicités variées. L'ethnologie et la sociologie ont souligné depuis longtemps l'intérêt de l'enquête par les poubelles, opérée aussi par l'archéologie, plus classiquement qu'en urbex. Marcel Griaule appelait déjà au début des années 1930 à pratiquer les collectes « en fouillant les tas d'ordures », et en prêtant surtout attention aux objets les plus humbles et ordinaires, sans qualité de rareté[24]. Plus récemment, une véritable science archéologique des déchets et des poubelles s'est développée, en particulier aux États-Unis, la *garbology*, dont les spécialistes fouillent aussi bien les poubelles domestiques que les décharges et produisent des résultats quantitatifs sur les pratiques contemporaines, face un événement, ou selon les groupes de populations. Ils comparent notamment ce que disent les « consommateurs » lors des entretiens et ce que l'on retrouve dans leurs poubelles. On ne s'étonnera pas d'apprendre qu'il y a toujours plus de bouteilles d'alcool dans les poubelles des buveurs qu'ils ne l'évaluent dans les échanges[25]...

En ce sens, l'exploration urbaine conduit à une histoire à travers les poubelles. Je ne cherche pas ici à opérer sur des séries scientifiques comme ces spécialistes du monde contemporain, une stratigraphie de tous les monceaux d'abandons que je découvre. Non pas que cela soit inintéressant, mais je procède avant tout par un prélèvement qualitatif, selon mon questionnaire. Autrement dit, je retire et préserve de ces tas ce qui me semble le plus parlant, soit en tant qu'objet de la RDA, soit en tant que trace de son passé.

Dans les bâtiments abandonnés gisent en effet par milliers des objets du temps passé, qu'ils fussent d'un usage industriel ou personnel, qu'il s'agisse de productions en série ou d'objets intimes. Bien sûr, beaucoup sont déjà préservés par ailleurs dans les musées de la vie quotidienne, ou encore facilement disponible sur eBay ou dans les brocantes pour les amateurs. Alors quel intérêt de s'y arrêter ? C'est ici une question d'approche : l'urbex attentif aux objets permet de situer leur « biographie » dans un lieu, dans des séries, et parfois dans un usage, sans compter ceux qui peuvent être devenus rares. Certains sont uniques, par exemple ceux touchant à un seul individu et retrouvés dans un vestiaire d'usine, comme cela m'est arrivé à Berlin[26].

D'un autre point de vue, ces récoltes permettent aussi de construire un récit de la culture matérielle prenant appui sur des assemblages et des rapprochements qui ne sont pas forcément présents dans les autres sources documentaires : par exemple montrer comment, dans un lieu d'Allemagne de l'Est, le personnel était environné de produits de différents pays du bloc de l'Est incarnant au quotidien les structures économiques du Conseil d'aide économique mutuelle (CAEM) qui rassemblait les pays socialistes.

En ce sens l'urbex entre en écho avec l'archéologie, on l'a vu au premier chapitre. D'abord parce que l'archéologie ne cesse d'ouvrir de nouveaux questionnaires et de nouveaux terrains, parfois très contemporains, dans des lieux et sur des objets « aux limites »[27]. L'archéologue Séverine Hurard note : « Chez l'urbexeur comme chez l'archéologue, il y a l'idée de conservation, d'enregistrement. Chez le premier par la photographie et chez l'autre par la collecte et l'exploitation des données [...] Et l'urbex, à sa manière, contribue à faire rentrer les vestiges du passé récent dans l'histoire[28]. » Elle souligne que l'on peut très bien utiliser sa discipline pour analyser les différentes couches d'occupation récente, l'histoire contemporaine de tels sites, même si archéologie et urbex procèdent de logiques spécifiques, parfois opposées, qu'elle résume ainsi :

– les conditions d'un chantier de fouille sont forcément légales et planifiées ;

– l'archéologue est d'abord un fouilleur en sous-sol, quand l'urbexeur regarde ce qu'il voit sur le sol ;

– l'urbexeur laisse, l'archéologue prélève et donc abîme le site avec son travail[29].

L'archéologie commence d'ailleurs à explorer, avec ses méthodes propres, des lieux délaissés très récemment, comme la maison dite du Mage à Marsal en Lorraine, une maison qui avait été occupée par une sorte de secte et fut le lieu d'une affaire criminelle non élucidée, abandonnée à partir de 1999, ou bien l'hôtel Arvanitia Xenia à Nauplie en Grèce, projet touristique laissé en friche et observé avec les méthodes de l'urbex par un professeur d'archéologie classique du Texas[30]. Pour le premier, les archéologues utilisent d'abord une couverture photographique rassemblée sur plusieurs années, en préservant au maximum le site et mesurent ensuite les formes de circulation et de déplacement. Ils s'interrogent sur les méthodes pertinentes pour aborder un tel site fait d'« assemblages » et d'amoncellement hétéroclites qui invitent à un questionnaire propre[31].

La pratique montre par exemple qu'une usine ou un hôpital abandonné peut receler diverses strates d'objets ou d'archives échelonnées sur des décennies, voire plus, témoignant à la fois d'usages et de temps multiples, pas toujours clairement dépliables par la simple analyse formelle ou de contenu. L'étude archéologique, proche de l'urbex, de la ruine de la Société générale d'équipement à Vire par un groupe d'étudiants dont Cyril Lacheze faisait d'autant plus sens qu'il n'y avait que peu d'archives disponibles et que certaines ont été retrouvées sur place avant d'être déposées au musée de Vire. Par ailleurs le travail a permis de détecter des évolutions du site, sans compter ses usages comme friche [32].

En effet, aussi étonnant que cela puisse paraître au lecteur non familier de ces endroits, il en est où les archives de l'entreprise ou de l'institution, parfois des prisons, restent par cartons ou dossiers entiers dans des bâtiments ouverts à tous vents. En Angleterre, en Allemagne comme en Italie, les urbexeurs témoignent, par exemple, de découvertes d'albums ou de séries de photos originales qui documentent l'histoire des lieux visités [33].

Certaines archives sont déjà éparpillées et dépareillées, d'autres parfois mieux conservées. Dans certains cas, j'ai même découvert, dans ces lieux désertés, des salles d'archives entières, comme figées dans le passé, riches de mille pièces, par exemple dans une ancienne fonderie de Chemnitz, une ex-usine de meubles à Wittstock/Dosse, une ex-usine d'aliments condensés pour animaux à Fürstenberg/Havel ou encore une ancienne fabrique de boissons à Francfort-sur-l'Oder. Ces documents sont parfois à même le sol, complètement éparpillés, dans la boue, sur des tables, dans des sacs ou des cartons plus ou moins dépareillés, sans que l'on mesure toujours l'étendue de ce dépareillement. Là encore, tous ne sont pas de première importance, et l'on peut arguer que ceux d'autres Maisons de la culture ou d'autres entreprises peuvent être consultés aux archives locales. Il n'empêche que ce sont des documents inédits qui retracent de nombreux destins à travers dossiers médicaux, dossiers du personnel ou archives de l'organisation du Parti dans l'entreprise. Comme les lieux sont entièrement abandonnés, souvent délaissés depuis des années, on peut se saisir de ces documents comme on veut : les lire sur place, les photographier, les emporter... Il arrive que les archivistes aient renoncé, en tout ou en partie, à les sauver car l'état de conservation semblait trop mauvais, et surtout les lieux trop dangereux à arpenter[34]...

On peut ici, à titre d'exemple, spécifier les abandons dans les lieux de l'ex-RDA qui s'inscrivent dans le contexte particulier de l'unification et du démantèlement de l'économie socialiste. Il y a selon les cas des documents de gestion ordinaires, notamment liés à la planification socialiste, des séries relevant de la présence des organisations politiques dans l'entreprise (Parti et jeunesses communistes, SED/FDJ), des dossiers du personnel et puis des ensembles plus spécifiques (comme des travaux d'élèves dans des écoles professionnelles ou leurs évaluations, des contrats de travailleurs étrangers, etc.). Il arrive aussi que des ouvriers et des employés aient laissé sur place des documents individuels, liés à leurs activités propres (par exemple les registres de cours d'une enseignante d'art appliqué dans une usine de chimie à Berlin et d'autres documents sur les réalisations collectives issues de cet enseignement). Mais l'on pourrait faire de telles descriptions pour bien d'autres lieux, et nous avons trouvé aussi tout un ensemble d'archives et de dossiers du personnel dans une peausserie fermée de Millau dans l'Aveyron. Un hippodrome délaissé garde, lui, les traces en cassette vidéo des courses qui s'y sont courues et bien d'autres trésors...

En quoi tous ces documents présentent-ils de l'intérêt, comparés à la richesse des archives disponibles sur la période contemporaine ? À mon sens, la comparaison entre ces archives « organisées » et les archives abandonnées porte sur quatre points principaux, au-delà des cas ici évoqués.

– Le premier est en quelque sorte normatif : qu'a-t-on le droit de faire de ces archives en déshérence ? Si l'on suivait les lois sur les archives, certaines contenant des données personnelles ne seraient assurément pas consultables ou librement utilisables. En Allemagne, ainsi, il faut un délai, plus ou moins modulable, de trente, au minimum de dix ans, à partir de la mort du/de la concerné/e, avec des règles adaptées si la date de décès n'est pas connue. L'usage des archives d'abandon est ici dans une zone d'incertitude qui ne peut être levée, en première instance, que par l'éthique du chercheur et ses propres choix, afin de ne pas attenter à la vie privée. À vrai dire, dans les « archives aux archives », l'accessibilité et le contenu privé des documents sont parfois plus flous qu'il n'y paraît.

– Le second, qui serait un programme de recherches en soi, tiendrait à mesurer si les fonds abandonnés sont exactement similaires aux mêmes fonds préservés. Autrement dit : est-ce que toutes les procédures de transfert et de classement d'archives — disons pour les fonds d'entreprise — rendent un accès documentaire équivalent à l'errance dans une salle d'archives abandonnée ? N'y a-t-il pas certains documents que l'on trouve dans la boue, délaissés, qui ne sont pas autant préservés dans les dépôts ordinaires ? Car ils ne sont pas jugés dignes d'être archivés, ou pour d'autres raisons locales ?

– Le troisième élément relève de la procédure de recherche. On sait bien maintenant, après le beau livre d'Arlette Farge sur *Le Goût de l'archive*, et bien d'autres analyses, que le cadre de classement et le cadre de travail sur les documents jouent leur part dans l'histoire du chercheur et donc dans sa manière de faire. En ce sens, travailler sur des archives que l'on a rassemblées soi-même, dans des circonstances peu stabilisées, produit aussi des effets. Comme dans ces lieux abandonnés les conditions de travail sont aléatoires, parfois dangereuses, on est conduit à faire des sélections rapides, en partie de hasard mais orientées par ses intérêts. On tombe par chance, intuition, ou pas, sur des pièces particulièrement riches ou parlantes.

– Le quatrième élément tient, lui, à la partie finale de la recherche, à savoir l'écriture même. À l'expérience, il m'a semblé que l'écriture qui rend compte d'un dossier ou de documents trouvés soi-même, dans les conditions évoquées — à la fois aléatoires, denses, précaires — emprunte des formes particulières, évidemment plus personnelles, peut-être encore plus attentives à la matérialité des papiers, aux circonstances de découverte aussi, parfois plus complexes qu'il n'y paraît. Cela est également vrai pour les documents que les chercheurs ont pu trouver dans des greniers ou acheter sur des brocantes [35].

Ainsi l'urbex et l'étude des abandons d'archives peuvent-ils contribuer à renforcer les travaux sur les constitutions des fonds comme des processus sociaux, dont on sait bien qu'ils n'ont rien de neutre.

7.
UNE EXPLORATION URBAINE

PRÉPARATION, ORGANISATION ET DÉCOUVERTES

À L'INTÉRIEUR D'UNE USINE ABANDONNÉE DE L'ANCIENNE ENTREPRISE DE DENTELLE À PLAUEN (SAXE), JUILLET 2019.

Pour rendre la pratique de l'urbex plus concrète encore, ce chapitre voudrait emmener le lecteur en expédition, depuis sa préparation jusqu'à sa réalisation. Nous avons choisi pour cela un « urbex » dans la ville de Plauen réalisé en 2019, avec une petite « retouche » en 2020.

Située dans la vallée de l'Elster blanche, Plauen, en Saxe, épouse ses contreforts. Elle s'impose comme la capitale régionale du Vogtland, une région très marquée par l'industrie textile. La ville connaît une importante activité drapière dès la fin du Moyen Âge, puis dans la cotonnade[1]. La production décentralisée à domicile, dans des ateliers (*Verlagssystem*) reste longtemps d'importance. Dans le second XIXe siècle, Plauen s'affirme comme le haut lieu mondial du rideau, de la broderie et de la dentelle, largement tourné vers l'exportation, et connaît une très importante croissance démographique : 47 000 habitants en 1890, 128 000 en 1912 (deux fois moins aujourd'hui).

Ses installations industrielles sont largement détruites par les bombardements de 1944-1945. La RDA y reconstruit l'industrie textile et développe quelques industries lourdes. Mais le Vogtland, marge géographique au sud-ouest du pays, reste une région secondaire dans l'économie d'ensemble du pays d'abord tournée vers l'industrie lourde.

À l'époque de la RDA, l'entreprise de dentelle, VEB Plauener Spitze regroupe progressivement les différentes fabriques d'un secteur fait de nombreuses petites unités, étatisées, sous l'égide du groupement d'entreprise (1958) puis du combinat Deko[2]. Elle compte 8 000 employés dans les années 1980 et le combinat dans son ensemble quelque 1 000 sites de production. Broderies et dentelles sont une production que la RDA met en avant pour sa tradition et sa qualité, largement tournée vers l'export, pour rapporter des devises, même si la production de masse éloigne du caractère artisanal et artistique de la marchandise. Ainsi l'entreprise ouvre-t-elle un salon de présentation en 1985 dans le vieux quartier de Berlin (Nikolaiviertel), mais le matériel se fait vieillissant et insuffisant face à la concurrence.

NOUS AVONS CHOISI POUR CELA UN « URBEX » DANS LA VILLE DE PLAUEN RÉALISÉ EN 2019, AVEC UNE PETITE « RETOUCHE » EN 2020.

Avec l'unification, et la « thérapie » de choc infligée à l'économie est-allemande, l'industrie textile est particulièrement réduite : les entreprises ferment, les ouvrières et ouvriers sont au chômage, essentiellement des femmes dans le secteur, la dentelle notamment. La Plauener Spitze, qui compte encore autour de 2 400 salariés en 1990, n'en a plus que 360 fin

1992. Les habitations se vident et de multiples bâtiments sont laissés à l'abandon : immeubles, casernes, usines… La gestion de ces friches, qui couvrent 240 hectares au début des années 1990, devient un problème central de la planification de la ville. Les projets de réoccupation se développent aussi mais ne peuvent couvrir tous les sites abandonnés [3].

Cette spécificité industrielle de la ville, fleuron de la dentelle, et son déclin m'ont donné l'envie de voir ce qu'il restait de cet espace aujourd'hui, et comment une exploration urbaine peut en saisir les traces. Ces friches sont si importantes que dans un livre sur l'histoire et la culture de la région, la courte introduction y consacre un passage [4]. Elles demeurent sans doute d'autant plus que l'industrie textile n'est pas un patrimoine très valorisé dans la Saxe contemporaine [5].

Pour repérer la géographie politique et économique de la RDA dans une ville, à des fins d'exploration urbaine, le plus simple et efficace, dans un premier temps, est d'utiliser l'annuaire de l'époque. C'est plus généralement une démarche utile pour toutes les régions de forte densité industrielle.

Ainsi pour Plauen, s'agit-il du celui du district de Karl-Marx-Stadt (aujourd'hui Chemnitz). J'ai donc noté les principales adresses d'entreprises ou d'institutions après l'avoir parcouru. J'ai croisé ces données avec l'annuaire du télex, ce qui permet de doubler les informations. Dans les deux cas, il faut se munir des éditions les plus récentes, des années 1980, au risque, sinon, de tomber sur des entreprises qui ont été fermées, regroupées ou ont pu changer d'attribution il y a déjà des décennies.

La deuxième étape consiste à actualiser et confronter les adresses aux évolutions du tracé urbain et aux changements des noms de rue après 1990. L'augmentation de la motorisation liée à l'adoption du mode de consommation de l'Ouest et à la modernisation des infrastructures a conduit à l'aménagement du boulevard circulaire.

Pour ce faire, j'utilise le plan de Plauen des années 1970-1980, en vis-à-vis de celui d'aujourd'hui. C'est indispensable tant le débaptême des rues qui connotaient le régime a été également important dans les années d'après 1990. Ces cartes ou plans d'avant les fermetures d'usines et de sites sont utiles pour d'autres régions à forte densité industrielle, par exemple les mines du Nord-Pas-de-Calais pour repérer l'ampleur et la situation des lieux à visiter, comprendre ce que furent les bâtiments.

La troisième étape préparatoire confronte les adresses repérées avec la situation du bâti d'après Google Earth/Map. L'intérêt pour une enquête en temps limité tient à la hiérarchie que ce travail permet d'établir. En effet d'après la vue sur Google Earth, on distingue les bâtiments qui semblent encore à l'abandon, ou en mauvais état et ceux manifestement réutilisés ou disparus. Les vues du ciel sont une première indication. Lorsque les toits sont effondrés, la végétation luxuriante au plus près du bâti, les lieux déserts, il y a toutes les chances que le site soit à l'abandon et offre des possibilités d'accès. Mais l'outil est loin d'être parfait. Beaucoup de sites ne présentent pas de caractère tranché à cette échelle. En revanche, lorsque tout a été refait, que l'on voit des bâtiments flambant neufs, des panneaux solaires, de nombreux véhicules sur le parking, c'est un gain de temps certain qui permet de retirer le site des adresses à visiter. Par ailleurs Google Earth permet de repérer des bâtiments qui, si l'on se rend sur place, ne sont pas bien visibles ni accessibles, de la rue : on risquerait alors de juger qu'il n'y a rien de plus à voir, surtout en été lorsque la végétation est dense. À Plauen, ce fut manifeste pour deux lieux

LA TROISIÈME ÉTAPE PRÉPARATOIRE CONFRONTE LES ADRESSES REPÉRÉES AVEC LA SITUATION DU BÂTI D'APRÈS GOOGLE EARTH/MAP.

très intéressants. Le siège central de la VEB Plauener Spitze cache une usine en contrebas quasi invisible de la rue, il faut donc sauter la barrière et passer derrière le bâtiment de bureaux pour l'apercevoir. De même, un autre petit site de production est masqué de la rue par un immeuble d'habitation, toujours occupé, et en été par la végétation. De la rue, on ne peut en soupçonner l'étendue et, pour y pénétrer, il faut longer un autre immeuble occupé dont les habitants m'ont d'ailleurs interpellé.

Au total, je conserve environ 45 adresses qui semblent intéressantes. Le repérage par Google Earth/Map m'a permis surtout d'établir l'ordre des priorités, un classement des sites en fonction de leur apparence de délaissement et d'accessibilité. Ainsi, lorsque j'arrive à Plauen, ai-je une liste de lieux et d'adresses par ordre d'intérêt présumé. Mais d'emblée je me rends compte que plusieurs beaux bâtiments à l'abandon dans le centre ont échappé à mon repérage, des adresses jugées secondaires pouvant masquer un ensemble de bâtiments importants. Je complète donc la liste par ces premières observations de terrain. Dans l'ensemble cependant, l'ordre des priorités est assez efficace.

Sur les 45 lieux retenus, 4 s'avèrent accessibles à un véritable urbex. Autrement dit, de l'ordre de 1/10 des adresses repérées selon la procédure évoquée. J'ai en par ailleurs trouvé trois autres au cours des pérégrinations. Comment s'explique l'inaccessibilité de la grande majorité des sites ? On peut dresser la typologie suivante à partir de l'expérience de Plauen, mais elle s'étend à bien d'autres villes. Il est difficile d'opérer une quantification stricte car les catégories ne sont pas étanches et le statut d'un lieu n'est pas toujours précisément définissable par la seule observation ethnographique. Il est parfois difficile, lors d'une visite unique, de savoir si l'entreprise est définitivement abandonnée, marche au ralenti, sert à autre chose… Ainsi je suis resté de longues minutes devant une ancienne usine de dentelle, en m'interrogeant sur son statut : tout semblait signifier un abandon assez récent, mais il y avait des portes refaites, manifestement pour des habitations, quelques fleurs dans des pots… Pour ne pas risquer de me confronter à des habitants, je ne suis finalement pas entré.

Pour moi, les raisons d'inaccessibilité se présentent cependant comme suit :

1. Certains bâtiments ont été rasés ou ont complètement disparu, éventuellement après la prise de vue de Google Street View/Earth. Ou du moins je ne suis pas en mesure de les retrouver

avec les documents dont je dispose. C'est une catégorie minoritaire car la disparition peut être repérée, souvent, au préalable sur Google Earth.

2. Certains ont été complètement réhabilités, rénovés et occupés entièrement ou partiellement, sans que cela soit définitivement décelable sur Google Earth. C'est le cas, par exemple, des anciennes usines de lampes Narva dans l'ex-rue Dimitrov, aujourd'hui L. F. Schönherr.

3. Certains sont parfaitement clos, inaccessibles, sauf à forcer des portes ou briser des serrures, ce qui est contraire, on l'a vu, aux règles de l'urbex.

4. Certains pourraient être accessibles mais l'accès est dangereux ou demande des accessoires comme une échelle, ce qui est une étape que je me suis pour l'instant refusé à franchir, mais qui n'effraie pas de nombreux urbexeurs. C'est le cas d'une villa voisine d'une entreprise de broderie à la main. Tout est scellé, sauf une fenêtre surélevée et les prises pour y accéder ne sont pas sûres et se trouvent juste en face de l'entreprise active. Deux raisons de renoncer.

5. Certains encore sont dans un état de relatif abandon, ou de vide, mais une partie du site a été reprise par des petits commerces ou artisans, ce qui rend difficile la visite, avec le risque de se faire prendre par les occupants qui ont

souvent tendance à considérer que l'ensemble du site est sous leur protection, même quand ils n'en occupent qu'une petite partie. Urbexer lorsqu'ils sont absents ouvre au risque de violation de propriété. Ainsi le site des anciens abattoirs a été entièrement repris par une entreprise, il est très sécurisé, avec des barbelés, ce qui est rare, mais il est évident que de nombreux bâtiments sont restés vides ou ne sont plus utilisés et auraient pu être « urbexés ».

5 bis. Dans le même ordre d'idée, certains sites vides demandent à passer par d'autres qui sont bien actifs : ainsi je n'ai pu accéder à une usine de blouses et dentelles abandonnée parce qu'il aurait fallu pour cela enjamber des clôtures, puis traverser des jardins domestiques d'immeubles qui s'étaient insérés entre l'accès intérieur et l'usine abandonnée. De même, pour visiter un ancien dépôt de commerce de gros, il aurait fallu que je traverse le site d'une entreprise bien active aux locaux neufs. Cela aurait été une violation manifeste de propriété, d'autant plus que les habitants ou employés pouvaient très bien être là. Certains urbexeurs pourraient facilement prendre ces risques, assez faibles à condition d'être rapide et discret, mais je me suis fixé comme règle de garder un équilibre favorable entre le risque de se faire prendre et l'intérêt du site.

Même si mes « campagnes » d'urbex sont organisées, hiérarchisées et préparées de manière documentaire depuis Paris, la visite sur place amène toujours à se dérouter et à découvrir des sites imprévus. La rue Hans-Sachs, excentrée, au nord de la ville, dans une zone industrielle et commerciale, est assez lâchement occupée. Les anciens bâtiments industriels de la Plauener Spitze, notamment, sont soit en partie repris par de nouvelles entreprises et institutions (comme un centre de formation), soit complètement scellés. Le quartier offre une apparence de « non-lieu » : des espaces dont le développement échappe à un ordre urbain, quel qu'il soit, des lieux auxquels l'œil ne peut assigner une unité, une organisation, dont on ne peut relier aisément les différentes parties et qui comportent, second critère, des terrains ou des constructions sans aucun entretien. C'est la combinaison de friches et d'un « dés-ordre » spatial qui les définit[6].

> MÊME SI MES « CAMPAGNES » D'URBEX SONT ORGANISÉES, ET PRÉPARÉES DE MANIÈRE DOCUMENTAIRE DEPUIS PARIS, LA VISITE SUR PLACE AMÈNE TOUJOURS À SE DÉROUTER ET À DÉCOUVRIR DES SITES IMPRÉVUS.

Aussi, sans avoir pu accéder aux sites repérés, je continue à parcourir la rue et je tombe par hasard sur un petit ensemble abandonné avec des garages et un bâtiment d'un style épuré entre-deux-guerres. On peut facilement entrer dans l'enceinte même si les bureaux sont bien fermés. Quelques garages et pièces demeurent accessibles, un bureau notamment est encore rempli de papiers et d'objets des employés. Je découvre donc ici par hasard un ancien dépôt d'essence de la firme Minol, qui n'avait pas fait partie de ma préparation. Il était bien dans l'annuaire, mais comme souvent les stations-service ont disparu, je ne l'avais pas retenu. Je n'avais pas noté non plus l'adresse, Am Mühlgraben 12, parce que n'était indiqué sur l'annuaire que le garage de véhicules de la VEB Plauener Spitze.

Je tombe donc par hasard sur le lieu qui est en fait une immense usine abandonnée, entourée de petits ateliers en activité. La lecture des annuaires a ses limites. La palissade qui l'entoure s'ouvre par un côté, et en montant le long d'une pente on passe sur l'arrière du bâtiment où une fenêtre cassée permet d'entrer aisément.

Un des grands intérêts de l'urbex est de pouvoir documenter les lieux et leur histoire dans le cours même de la visite, par les découvertes documentaires que l'on y fait, on l'a dit. Celles-ci permettent, dans certains cas, de préciser la topographie de la ville ou des bâtiments visités. Ici par exemple, dans une des usines de dentelles, j'ai retrouvé dans un monceau de papiers de tous ordres une liste de tous les bâtiments liés à la VEB Plauener Spitze, avec le nom du responsable, classés par rue (daté sans doute de juin 1987 mais le papier est un peu détrempé), j'ai ainsi pu poursuivre ma visite en utilisant cette feuille d'époque, qui enrichissait la liste des adresses que j'avais établies. En outre, j'ai retrouvé des archives et documents inédits dans deux sites de Plauener Spitze et par exemple des notes d'un contremaître au moment du « tournant » de 1989.

On le voit, l'urbex, telle que je le conçois, avec d'autres, ne peut être bien mené à l'improviste, d'où quelques petits conseils ci-après pour s'y préparer.

8.
PETITS CONSEILS POUR FAIRE DE L'URBEX

ANCIENNE CASERNE AUSTRO-HONGROISE, PUIS YOUGOSLAVE, À SARAJEVO (BOSNIE), BOMBARDÉE PENDANT LA GUERRE DE BOSNIE, AUJOURD'HUI OUVERTE À TOUT VENT, JUIN 2015.

Ces conseils sont destinés à de véritables urbex, c'est-à-dire des visites dans des zones parfois jamais visitées depuis des années, comportant des dangers et menées de manière autonome, tant pour la recherche des lieux que pour leur « arpentage ». Deux points de vue s'opposent : il y a ceux pour qui la sécurité ne peut être assurée que si l'on est plusieurs et ceux qui préfèrent la liberté complète de leurs mouvements en visitant seul. Lors de nos entretiens, l'Américain Gabriel G. Rodriguez me l'a répété avec insistance : « never alone », « jamais seul », pour parer un danger ensemble ou surtout alerter les secours en cas d'accident. Pour ma part, je suis seul dans l'immense majorité de mes visites pour les concevoir à ma guise, en historien. À vrai dire, je donnerais pourtant raison à Gabriel sur le principe. L'urbex est en effet, tous les praticiens attentifs le rappellent, dangereux. Les risques mortels sont nombreux et certains n'ont pu les éviter.

1. PRÉPARER LA VISITE

D'abord un petit conseil général par lequel le fameux Ninjalicious ouvrait son manuel d'infiltration et d'exploration urbaine. Si l'urbex n'est pas un sport, il faut tout de même une bonne condition physique. Il est préférable d'être bien reposé avant une journée d'urbex, de se préparer à affronter de longues marches, des dizaines d'étages à grimper, un peu de sauts et d'escalade souvent aussi. Ninjalicious n'hésite pas à recommander aussi de veiller à son embonpoint, car il faut souvent se glisser dans des tuyaux, des embouchures, entre des grilles. On ne peut que lui donner raison, je l'ai vécu à mes dépens, lorsqu'il m'est arrivé d'avoir pris du poids : certains urbex ont été bien plus pénibles, des entrées sont devenues difficiles d'accès.

L'urbex est par définition aventureux. Il faut donc se préparer sans savoir exactement ce que l'on va pouvoir visiter, ce que l'on va rencontrer, ni combien de temps va durer la visite. Compte tenu du délabrement fréquent des bâtiments, il faut s'habiller pour faire face à tous les dangers : verres et carreaux cassés qu'il faut passer, pointes et métaux au sol et au plafond. Des chaussures avec des semelles protectrices s'imposent, de préférence celles dites de sécurité pour le travail. J'en ai percé de nombreuses et il était bien utile qu'elles fussent épaisses. Le maintien de la cheville est bienvenu aussi, entre les longues marches et les sauts, parfois, d'un niveau à l'autre. L'ensemble des vêtements doit être réfléchi pour être protecteur contre les mêmes dangers : le jean ou les pantalons de treillis sont indiqués, tout comme une veste ou un blouson plutôt rembourré. Pour les visites d'été, éviter au moins les manches courtes. Des gants sont à prévoir, pour écarter la végétation parfois piquante, l'été, ramasser éventuellement des objets gênants, ou que l'on veut observer. Ils servent aussi à se protéger les mains quand on doit passer par des fenêtres sur lesquelles il reste des bouts de verre tranchants. Pour les plus aguerris, on peut encore se doter de gants de protection anti-coupures, qui sont peu onéreux (et m'ont été utiles). De même pour passer les zones de végétations très épaisses, les ronces, fréquentes et hautes dans les zones sans entretien, un bonnet épais ou couvre-chef protecteur est utile et il servira aussi pour passer des cadres de fenêtres délicats où reste du verre.

Parmi les outils et accessoires qu'il faut emporter : une bonne torche puissante est essentielle car dans l'immense majorité des sites il n'y a plus de courant. On se trouve très vite dans le noir ou dans des pièces très sombres. La torche est à la fois un outil de visite et de sécurité car sans cela on peut être bloqué par le noir. Certains caves sont si immenses qu'une torche qui lâcherait alors peut conduire à des accidents dramatiques. À vrai dire, il faut en prévoir plusieurs en cas de panne ou défaut, de même qu'une recharge de pile pour chacune. Pour ma part, dans les urbex importants, j'en ai toujours trois. Les frontales ne sont pas les plus pratiques, car on a besoin de diriger les faisceaux lumineux avec dextérité et souvent au sol, parfois très précisément, non seulement pour contourner les obstacles mais aussi pour observer les points d'intérêt. Il est utile de se munir d'une lame (couteau suisse idéalement) qui permettra de trancher une ficelle ou un cordon qui pourrait bloquer une porte, ou des sacs dont on voudrait voir le contenu.

On ne sait jamais combien de temps va durer la visite – cela dépend des découvertes – et on n'est jamais sûr non plus de ne pas se perdre temporairement pour trouver la sortie. Autrement dit, il faut pouvoir se désaltérer pendant plusieurs heures, en particulier l'été, d'autant plus que certains urbex ont une dimension plus sportive que d'autres (acrobatie pour entrer ou sortir, sauts, nombreux escaliers, longues marches...).

> **L'URBEX EST PAR DÉFINITION AVENTUREUX. IL FAUT DONC SE PRÉPARER SANS SAVOIR EXACTEMENT CE QUE L'ON VA POUVOIR VISITER, CE QUE L'ON VA RENCONTRER, NI COMBIEN DE TEMPS VA DURER LA VISITE.**

Rien n'empêche enfin de prévoir une petite trousse de secours pour les petites blessures qui pourraient s'infecter, ou les piqûres d'insectes (tiques en particulier). On se blesse souvent légèrement en urbex, même en faisant attention. Dans une usine à Berlin, sans y avoir cette fois pensé, j'ai utilisé le coton et les compresses datant de l'époque de la RDA qui gisaient près du poste de secours d'alors... En cas de souci, il faut avoir un téléphone chargé et éventuellement une batterie de secours. Le matériel photographique dépend de l'intérêt de chacun.

Ma démarche d'urbex comporte, ce qui n'est pas le cas d'autres urbexeurs, plus respectueux du code, on l'a dit, le prélèvement d'objets ou documents intéressants pour l'historien. J'emporte donc un matériel de protection pour ces prélèvements (papier bulle, serviettes de nettoyage, sac pour trier les objets selon les lieux...).

Enfin, prévoyez un petit topo, si vous vous faites attraper par un gardien, un propriétaire ou la police. Il n'y a pas de règle générale, cela dépend de ce que vous êtes et du lieu. Il faut construire au moins deux récits, l'un sur la manière dont vous êtes entré et l'autre sur pourquoi vous vous trouvez là. Soulignez alors qu'il n'y avait pas de panneau visible, évoquez l'entrée la plus ouverte, la plus naturelle, voire, si la disposition du lieu le permet, dites que vous vous êtes égaré dans une promenade plus générale. C'est souvent défendable lorsqu'il y a des bois ou des friches végétales aux alentours, dont vos interlocuteurs ne connaissent pas forcément toutes les issues. Ainsi une ancienne usine de confiserie de Magdebourg est entièrement ceinturée de murs, notamment sur la rue, et semble inaccessible, mais en faisant le tour un petit chemin dans une zone boisée permet d'y entrer sans obstacle.

Il est important d'y penser dès le début de la visite au cas où, pour ne pas être surpris. Ensuite, réfléchissez au motif à donner de votre incongrue présence. Évidemment, le récit ne sera pas le même pour un jeune homme de 18 ans, un photographe professionnel de 30 ou pour un professeur de 50. Insistez cependant sur la noblesse du motif : photo, patrimoine, goût de l'histoire, et là encore prévoyez le récit par avance pour être bien précis sur ce que vous allez dire : par exemple l'histoire de l'usine qui justifie de la préserver, etc., celle du château qui touche à vos périodes de prédilection…

2. PÉNÉTRER DANS LES SITES

Il n'y a pas de règles générales pour l'entrée dans les sites : certains sont extrêmement bien gardés, parfois même par des vigiles, d'autres sont ouverts à tous les vents et l'on s'y promène comme dans un jardin public ou presque [1]. Les quelques conseils qui suivent ne peuvent donc épuiser l'ensemble des situations, mais indiquent une conduite à tenir. Chaque nouvelle expédition demande une analyse nouvelle du site et des objectifs.

Le premier élément est la prudence : il convient toujours d'évaluer le site de l'extérieur avant d'y pénétrer, même quand il est bien documenté en ligne par de précédents urbexeurs. L'idéal est de faire un tour à pied, en vélo ou en voiture, tout autour, comme un simple promeneur, paisiblement, pour évaluer à la fois les éventuelles présences hostiles et les endroits par lesquels on peut entrer. Ainsi on repérera des gardes éventuels, des chiens qui se manifesteraient alors : « les chiens sont la hantise des urbexeurs, ils sont imprévisibles », raconte Maxime Cotte qui a échappé de peu à un rottweiler dans une ancienne papeterie [2].

Ce peut être encore des groupes que l'on aurait peu envie de rencontrer une fois à l'intérieur. Devant l'usine évoquée de Magdebourg, dans un lieu peu dense, j'ai repéré, à ma première visite, de nombreuses voitures garées avec des autocollants peu engageants, signalant sans doute un rassemblement. Je suis entré plus prudemment encore que d'habitude et suis reparti très vite car c'était le repère d'une bande qui faisait beaucoup de bruit et aurait sans doute eu peu envie d'être dérangée.

Il ne faut pas forcément se décourager en cas de présence mais essayer d'évaluer si elle couvre l'ensemble du site, ou seulement une partie occupée et donc, le cas échéant, mesurer si l'on peut en faire une visite partielle en échappant aux gardes, en se déplaçant hors de leur vue ou sur les parties opposées du site. Les menaces de voisins – notamment d'appeler la police – ne doivent pas être prises trop au sérieux, sauf s'ils restent véritablement postés et insistants, d'autant moins dans les très grands sites où vous disparaissez vite de leur vue. Tous les panneaux d'interdiction et de défense d'entrer ne doivent être considérés que s'ils sont accompagnés de véritables empêchements et barrières fonctionnels. De même, la vidéo-surveillance ne doit pas forcément décourager, certains panneaux cherchent juste à faire peur, ailleurs les caméras ne marchent plus, ou ont une portée limitée. J'en ai vu dirigées vers le bas et qu'il suffisait de contourner, à supposer qu'elles marchent encore. Il suffit parfois de passer en dehors des faisceaux.

Lors de ce tour préparatoire, il est judicieux de repérer des traces d'activités qui pourraient inviter à la prudence : poubelles de modèles récents (toujours un bon indice), conduits et tuyaux en matériaux neufs, notamment électriques en fonction. Il ne faut pas se presser pour faire ce tour extérieur qui conditionne aussi la sérénité et l'organisation de la future visite.

Il doit permettre également de repérer l'entrée la plus simple : inutile de grimper un mur de trois mètres à la vue de tous, si un trou dans le grillage permet d'entrer rapidement et simplement 300 mètres plus loin. Deux petits trucs : certains grillages sont tenus par des poteaux plantés dans des socles en béton, si ces poteaux ne sont pas scellés – cela arrive souvent – il suffit de les soulever pour les déplacer et rentrer. Penser aussi que l'on peut souvent passer sous les grilles ou portes en rampant. Dans de nombreux cas, les étages inférieurs et/ou le rez-de-chaussée sont hermétiquement clos, mais les responsables n'ont pas pris le soin de barricader ce qui paraît hors de portée en hauteur pour le passant. Beaucoup de sites inaccessibles le deviennent donc, sans grand danger, si l'on est un grimpeur doué ou si l'on s'aide d'une échelle. Je me suis toujours refusé à utiliser l'instrument, quitte donc à renoncer parfois, lorsque les points d'accès étaient trop hauts. En effet, je trouve qu'arriver avec son échelle marque l'intrusion professionnelle plus que l'urbex. L'objet (échelle pliante/télescopique) est par ailleurs peu pratique à emporter en expédition, surtout un peu lointaine.

Sauf lors du moment de franchissement d'obstacles, il n'est pas forcément utile de se cacher ou d'avancer comme un commando en opération. Souvent, prendre l'attitude naturelle de celui qui est là à bon droit, parce qu'il a quelque chose à y faire, peut détourner l'attention de voisins ou de badauds soucieux de l'ordre public. Quand je dois passer par une zone très exposée à la vue de la rue, ou du voisinage, je porte mon appareil photo bien évidence, lanière sur le cou, l'air professionnel et assuré, pour éventuellement apaiser des regards inquiets. Cela marche parfois, pas toujours.

Il arrive que l'objectif soit inatteignable une fois sur place, on l'a vu à Plauen : travaux engagés, sécurité renforcée, présence trop massive, danger physique à rentrer... C'est pour cela qu'il est préférable de prévoir des visites groupées dans une région pour ne pas être trop déçu.

3. VISITER LES SITES

Il n'y a jamais de visites standards mais certains conseils sont assez généraux. Il convient d'abord d'avancer toujours lentement et prudemment pour éviter les dangers évoqués et anticiper de mauvaises rencontres, animales ou humaines. Quand vous vous enfoncez dans des sites immenses, pensez à toujours envisager les voies de sortie possibles en fonction de là où vous vous trouvez.

L'excitation de la découverte, l'absence de repères, l'obscurité, si l'on n'y prend garde, peuvent conduire à se perdre très vite, y compris dans des bâtiments de taille moyenne. Comme le Petit Poucet, repérez des marqueurs pour le chemin du retour (peintures, gros objets, signes sur les portes et murs, etc.) : surtout notez un marqueur de l'endroit par lequel vous avez pénétré dans le site (fenêtre, aération de cave, etc.) qui n'a pas une physionomie identique quand on y revient depuis l'intérieur. Quand vous aurez passé des centaines de fenêtres plus ou moins similaires, avec la fatigue, il n'est pas toujours évident de retrouver la clé des champs...

L'EXCITATION DE LA DÉCOUVERTE, L'ABSENCE DE REPÈRES, L'OBSCURITÉ, SI L'ON N'Y PREND GARDE, PEUVENT CONDUIRE À SE PERDRE TRÈS VITE, Y COMPRIS DANS DES BÂTIMENTS DE TAILLE MOYENNE.

Dans les sites d'ampleur, la dégradation du bâti est souvent très inégale. Certains endroits sont bien conservés et assez sûrs, d'autres présentent des trous, des fissures, des planchers et plafonds éventrés. On ne peut pas, bien sûr, sonder sérieusement partout où l'on passe. Matthew Christopher écrit à juste titre : « il n'y a pas de moyens de mesurer exactement quand les risques deviennent trop de risques, ou quand vous poussez les choses trop loin jusqu'à ce qu'il soit trop tard ; mais sans le risque, vous ne pourrez rien enregistrer ». Quelques petites précautions simples limitent ces risques : d'abord, avant d'emprunter un escalier placez-vous toujours en dessous pour avoir un aperçu de son état et renoncez s'il est trop incertain. Testez ensuite prudemment les premières marches, à la main si cela est utile. Il faut se méfier de nombreuses cages d'ascenseur arrêtées et ouvertes, notamment dans les grandes usines. Dès qu'une porte y ressemble, la vigilance s'impose et il convient surtout de ne pas y poser le pied, et d'y penser à chaque étage… Après des années de ruine, le sol d'un ascenseur peut ne pas se distinguer clairement, surtout dans les conditions de faible luminosité.

Beaucoup de planchers sont gondolés, affaissés voire en partie effondrés. Si on les évite tous, on risque de ne pas beaucoup avancer : il faut donc évaluer, quand le cas se présente, le rapport entre l'intérêt de l'endroit et le risque : marcher sur des lattes dont beaucoup sont déjà tombées pour voir une pièce vide que l'on voit aussi bien de loin n'est pas un risque très intéressant, faire de même pour accéder à des archives ou de belles machines se discute. Dans ce cas, il faut toujours évaluer le résultat d'un effondrement ou d'une chute : y a-t-il des « refuges » possibles non loin, auxquels se rattraper : parties bétonnées, supports métalliques stables, et sinon la chute permet-elle de se rétablir ou pas ? Quand tous ces paramètres ont été évalués, autant qu'on le peut, chacun est ensuite maître de son destin. Les photographes doivent être en particulier vigilants : quand on recherche le meilleur angle ou cadrage en se déplaçant, il faut bien s'assurer que la zone d'évolution est sans risques, puisque l'on est polarisé sur l'objectif. Les toits sont des zones à risque parce que l'on voit moins bien que dans les étages, que l'on a gravis, ce qui les supporte. Pour ma part, je ne les parcours que si le paysage en vaut la peine et avec une vigilance renforcée. De même, il convient de ne jamais s'engager dans les caves sans prudence et sans être très bien éclairé. En effet, elles sont souvent, en tout ou en partie, inondées, ce qui ne se distingue d'un sol noir qu'avec une bonne luminosité.

Les produits toxiques sont nombreux dans les usines et friches abandonnées, certains ont perdu leur toxicité, ailleurs ils ne restent que les contenants et les emballages. Mais en ces matières, l'urbexeur non spécialiste ne peut être sûr de rien, il convient donc là aussi de limiter les manipulations, de s'éloigner des produits qui peuvent sembler encore actifs.

Les résidus et supports métalliques, souvent pointus, qui sortent des plafonds et des murs sont un danger permanent car beaucoup sont au niveau du visage. Il faut donc ne pas seulement regarder par terre, mais aussi, régulièrement, en l'air afin de les éviter.

Quand la visite s'est bien passée on a tendance à se sentir à l'aise à la fin et l'on est moins vigilant. C'est là que l'accident risque de se produire : il faut donc se reprendre sur le chemin du retour pour garder la même vigilance que précédemment. La seule fois où je suis tombé dans un trou un peu haut, sans grand dommage, c'est juste avant de franchir la porte d'un immeuble à Görlitz, par ailleurs très bien conservé, pour en sortir…

UN ANCIEN HIPPODROME DE LA RÉGION PARISIENNE FERMÉ ET DÉLAISSÉ QUI SERT NOTAMMENT À L'ENTRAÎNEMENT DES FORCES DE POLICE. JUIN 2021.

CONCLUSION

Ce livre avait un double objectif. Nous avons cherché d'abord à présenter une vue d'ensemble de l'exploration urbaine sous ses différents aspects, des acteurs aux pratiques, pour combler l'absence de synthèse, en particulier en français.

La pratique de l'urbex s'inscrit, pour beaucoup, dans des communautés emboîtées, à différentes échelles. Il y a d'abord la *communauté virtuelle* construite progressivement à travers le partage en ligne qui se définit surtout à travers des règles et un savoir-faire reconnu, ou que l'on veut faire reconnaître. À défaut d'être véritablement appliquées ou respectées par tous, ces règles fonctionnent au moins comme signe de reconnaissance dans leur énonciation. Il y a ensuite une *communauté de partage*, évidemment plus restreinte, à l'échelle nationale ou régionale souvent, au contour flou avec laquelle on échange, surtout en ligne, parfois de manière éphémère, parfois sur un temps plus long, autour des lieux, des expériences et de la photo. Il y a enfin une *communauté de pratique*, cette « petite famille », de « confiance » avec qui l'on mène ses expéditions. Ses contours, contrairement à la précédente sont souvent plus nets. Elle peut s'inscrire, pour les plus impliqués, dans un réseau international, parfois mondialisé, que l'on active en fonction des projets et des voyages.

Mais au-delà de cette présentation générale, notre « urbex » entend interroger la pratique, à la fois dans son historicité et dans les questions qu'elle pose au présent. La perspective historique invite à dessiner plusieurs matrices qui s'entremêlent sans jamais enfermer le présent dans une généalogie rigide, et qui demeurent, surtout, fort variables selon les praticiens. Il y a le temps long de la ruine comme un lieu alternatif au présent, le classique romantisme des ruines, à la fois objet de méditation et de nostalgie, place refuge pour échapper aux contingences. La ruine est aussi mémoire : elle témoigne d'abandon ou de déclin que l'on peut interroger, tout comme des violences destructrices plus explicites, d'où les lieux détruits que l'on conserve pour dénoncer la barbarie, ou supposée telle. Les ruines accusent les guerres et les violences, mais encore le capitalisme. Avec l'expansion du tourisme et l'extension de ses territoires, l'urbex participe d'un « tourisme de l'extrême », de la demande touristique d'aventure, parfois relié à un tourisme de guerre et de mémoire, déjà abondamment étudié en particulier par la géographie [1].

La pratique de l'urbex n'est pas sans effets sociaux, au-delà même de ceux qui en font leur activité. Il peut y avoir d'abord des effets locaux. Certes, lorsque ces visites se limitent à des amusements répétés, des nuisances peuvent être ressenties ou supportées par les riverains. Mais lorsqu'elles sont accompagnées de recherche et de mise en ligne photographique attentionnée, elles contribuent ou peuvent contribuer à un retournement du stigmate. Ce qui est considéré comme une « tache » ou une « verrue » devient alors un objet d'intérêt, voire de valorisation. À cela s'ajoute un effet d'archive. Bien sûr, nombreux sont les sites à pouvoir être documentés par le travail en archive, ou par d'autres sources, mais pas toujours. Ensuite, les séries photographiques réalisées avec méthode, par un regard documentaire, sont autant de témoignages de l'état des lieux à différents moments de l'histoire des bâtiments car il arrive souvent que la démolition se fasse sans souci d'inventaire, et parfois relativement vite. Les effets de valorisation et d'archive peuvent conduire à une véritable patrimonialisation du lieu, dans les regards des habitants, des services locaux, voire à plus large échelle. Lorsque les urbexeurs élargissent leur recherche et suscitent, de manière volontaire ou en déclenchant, par leurs posts, des démarches spontanées, la production de témoignage ou l'émergence documentaire, du patrimoine on passe alors aux histoires et parfois même à l'histoire, entendue comme écriture du passé à vocation généraliste.

Au-delà de l'émotion immédiate, les abandons et les ruines peuvent contribuer à former une pensée et un discours critique, en particulier autour de la ville. Certains praticiens de l'urbex, certaines de ses dimensions s'inscrivent dans une tradition critique, dont la ville est en particulier l'objet. Surtout l'urbex permet de réinterroger les usages de la ville, de l'espace, non pas seulement en termes de conservation du patrimoine mais aussi de déambulation et de circulation. Plus encore, par son mélange d'illégalisme et de valorisation des lieux, il contribue à bousculer la notion de propriété des espaces délaissés. Ce contournement des règles et le rapport actif à l'espace en dehors de l'ordre urbain, en dehors des assignations de circulations, forme bien une politique de l'urbex. L'histoire et le patrimoine, sont après tout, des biens communs.

ANNEXES

LOCAL DU SYNDICAT CGT DANS LES ANCIENNES USINES THOMÉ-GÉNOT. NOUZONVILLE, DÉCEMBRE 2021.

NOTES

INTRODUCTION

[1] Mehdi Bouzouina, « Vivre sur un lieu d' "Urbex" : un quotidien angoissant », *La Nouvelle République*, 7 août 2021.
[2] Voir un usage de « Rurbex » par une école de photographie http://www.cfplachine.photos/wordpress/rurbex/.
[3] Ninjalicious, *Access All Areas. A User's Guide to the Art of Urban Exploration*, s.l. Infilpress, 2005, p. 5-6.
[4] Kevin Peter Bingham, *Unpacking Heterotopic Social Space: An Ethnography of Urban Exploration*, thèse de doctorat, University d'Otago, Département de tourisme, juillet 2017, p. 164.
[5] Bradley Garrett, *Explore Everything. Place Hacking the City*, Londres, Verso, 2013, p. 8, 74, 99, 122, 126.
[6] « Urban Exploration – Exploration of abandoned, lost, decaying and forgotten places. Places which are not usually seen by the public », https://www.obsidianurbexphotography.com/ ; https://www.obsidianurbexphotography.com/about-contact/.
[7] Temporary Obsolete, Abandoned and Derelict Spaces ou alors Sites. Le terme semble être forgé au début des années 1990 dans le cadre d'études des villes américaines, Michael R. Greenberg, « The TOADS: A New American Urban Epidemic », *Urban Affairs Review*, mars 1990, p. 435-454.
[8] Les propos sans références renvoient à des entretiens que nous avons menés et dont on retrouve les indications dans la liste des sources en fin de volume.

[9] Br. Garrett, *Explore Everything…*, *op. cit.*, p. 4 et 5.
[10] Sur cette question voir Tim Edensor, *Industrial Ruins. Spaces, Aesthetics and Materiality*, Oxford/New York, Berg, 2005, p. 87 et suiv.
[11] Matthew Christopher, *Abandoned America. The Age of Consequences*, s.l., Jonglez, 2015 p. 59, 85, 168…
[12] Loi du 5 mars 2007 sur la prévention de la délinquance, art. 74, II, modifiant le code des collectivités territoriales : « Est puni d'une peine de six mois d'emprisonnement et d'une amende de 3 750 eur le fait pour toute personne […] 5° De pénétrer, circuler ou stationner sans autorisation régulière dans les parties de la voie ferrée ou de ses dépendances qui ne sont pas affectées à la circulation publique, d'y introduire des animaux ou d'y laisser introduire ceux dont elle est responsable, d'y faire circuler ou stationner un véhicule étranger au service, d'y jeter ou déposer un matériau ou un objet quelconque, d'entrer dans l'enceinte du chemin de fer ou d'en sortir par d'autres issues que celles affectées à cet usage. »
[13] Judith Audin, « Habiter les ruines chinoises : l'urbex comme méthode d'ethnographie urbaine des interstices », journée d'études « L'Exploration urbaine (Urbex), l'historien et les sciences sociales », en ligne : http://www.ihmc.ens.fr/IMG/pdf/181018-urbex-judith-audin-habiter-ruines-chinoises.pdf. Voir aussi, dans le même sens, Annabella Massey, « The Yellow Leaves of a Building: Urban Exploration in China and the Cooling Plan Photography Project », *China Perspectives*, 4, 2021, p. 24.
[14] https://ltvsquad.com/about/, « And as a group who's hobbys are often in violation of minor, outdated laws, it is up to us to mock these regulations and advocate for their complete removal wherever possible ».
[15] Le terme « urbex », seul, donne le résultat suivant, mais certaines occurrences peuvent désigner autre chose que l'exploration urbaine, notamment un acronyme, un nom d'activité : 5 en 2010, 144 en 2015, 780 en 2021 (décembre exclu).

[16] Lauren Andres, Boris Grésillon, «Les figures de la friche dans les villes culturelles et créatives. Regards croisés européens », *L'Espace géographique*, 40, 2011, p. 15-30 ; Lauren Andres, Claude Janin, « Les friches : espaces en marge ou marges de manœuvre pour l'aménagement des territoires ? », *Annales de géographie*, 663, 2008, p. 62-81 ; Mickaël Correia, «L'Envers des friches culturelles. Quand l'attelage public-privé fabrique la gentrification », *Revue du Crieur*, 11, 2018, p. 52-67.
[17] Robin Lesné, « Quand le déplacement devient une fin en soi. La pratique du parkour, une mobilité qui fait bouger l'urbanité », *Urbanités*, février 2019, http://www.revue-urbanites.fr/11-lesne/.
[18] Annabella Massey, « The Yellow Leaves... », art. cit., p. 25.

CHAPITRE 1

[1] Charles Davoine, « Les ruines contre la ville. L'idéal urbain à l'épreuve des destructions dans le monde romain », *Histoire urbaine*, 2020/2, p. 15- 28 (et intro p. 10).
[2] Alain Schnapp, *Ruines. Essai de perspective comparée*, Dijon/Lyon, les Presses du Récl/ Presses universitaires de Lyon, 2015, p. 114-115 ; *Une histoire universelle des ruines. Des origines aux Lumières*, Paris, Seuil, 2020, p. 152, 201.
[3] A. Schnapp, *Ruines..., op. cit.*, p. 118-119.
[4] A. Schnapp, *Une histoire universelle des ruines..., op. cit.*, p. 447 et suiv.
[5] Voir le poème de 1342 à Clément VI qui leur donne un immense pouvoir émotionnel, A. Schnapp, *Une histoire universelle des ruines..., op. cit.*, p. 451.
[6] Clémence Revest « Ruines et vestiges au temps des humanistes. La redécouverte des ruines de Rome (XVe siècle) », https://ehne.fr/fr/encyclopedie/th%C3%A9matiques/humanisme-europ%C3%A9en/les-h%C3%A9ritages-culturels/ruines-et-vestiges-au-temps-des-humanistes, A. Schnapp, *Une histoire universelle des ruines..., op. cit.*, p. 453.
[7] A. Schnapp, *ibid.*, p. 454.

[8] Alex R. Furger, *Ruinenschicksale. Naturgewalt und Menschenwerk*, Bâle, Schwabe, 2011, p. 231.
[9] *Ibid.*, p. 241-246.
[10] Geneviève Cammagre, « Ruines et retraite. De Diderot à Volney », *Dix-huitième siècle*, 48-2016, p. 187.
[11] Caitlin DeSilvey, Tim Edensor, « Reckoning with ruins », *Progress in Human Geography*, 37-4, 2013, p. 465-485.
[12] Jean-Pierre Biscay, *Témoignage sur la guerre 1914-1918 par un chef de section*, s.l., 1973, p. 81
[13] Voir Emmanuelle Danchin, *Le Temps des ruines. 1914-1921*, Rennes, Presses universitaires de Rennes, 2015, 352 p.
[14] Edmon Castell et *alii*, *La Batalla de l'Ebre. Història, paisatge, patrimoni*, Barcelone, Pòrtic, 2000, p. 147 ; Stéphane Michonneau, *Belchite. Ruines-fantômes de la guerre d'Espagne*, Paris, CNRS Éditions, 300 p.
[15] Mélanie Van der Hoorn, « Exorcizing Remains. Architectural Fragments as Intermediaries between History and Individual Experience », *Journal of Material Culture*, 8-2, 2003, p. 191-192.
[16] Isabelle Surun, « Le terrain de l'exploration reconsidéré : les explorateurs européens en Afrique au XIXe siècle », in Pierre Singaravélou (dir.), *L'Empire des géographes. Géographie, exploration et colonisation*, Paris, Belin, 2008, p. 66-67, Hélène Blais, « Profession : explorateur », *L'Histoire*, 425-426, juillet-août 2016, p. 40-49, notamment ici p. 46.
[17] Sur les pratiques de l'exploration, voir le beau catalogue, *Des voyageurs à l'épreuve du terrain. Études, enquêtes, explorations (1800-1960)*, Pierrefitte-sur-Seine, Archives nationales, 2016, ici p. 23.
[18] *Ibid.*, p. 143.
[19] *Ibid.*, p.157.
[20] *Ibid.*, p. 178.
[21] Florence Hachez-Leroy, « Les conditions d'une patrimonialisation », in « Mémoires industrielles », *303, arts, recherches, créations*, 165, 2021, p. 27.
[22] Robert Angus Buchanan, *Industrial Archaeology in*

Britain, Harmondsworth, Penguin, 1972, p. 14.
[23] *Ibid.*, p. 19.
[24] Maurice Daumas, *L'Archéologie industrielle*, Paris, Robert Laffont, 1980, p. 430.
[25] R. A. Buchanan, *Industrial Archaeology…, op. cit.*, p. 21.
[26] Entretien avec Anne-Françoise Garçon, 8 juillet 2021.
[27] R. A. Buchanan, *Industrial Archaeology…, op. cit.*, p. 19-20, 50, 63.
[28] M. Daumas, *L'Archéologie industrielle…, op. cit.*
[29] Marina Gasnier, « De nouveaux horizons pour l'archéologie industrielle », e-Phaïstos [En ligne], VIII-2 | 2020, http://journals.openedition.org/ephaistos/7997 ; entretien avec Anne-Françoise Garçon, 8 juillet 2021
[30] Pierre Fluck, *Manuel d'archéologie industrielle*, Paris, Hermann, 2017, p. 51-53 ; Helmuth Albrecht, « Industriearchäologie - ein Schlüssel zur Industriekultur », in Jörg Feldkamp, Ralph Lindner (dir.), *Industriekultur in Sachsen. Neue Wege im 21. Jahrhundert*, Chemnitz, Sächsisches Industriemuseum IWTG, 2010, p. 19-29.
[31] Entretien avec Denis Woronoff, Paris, 21 juin 2021.
[32] Entretien avec Florence Hachez-Leroy, Paris, 30 juin 2021.
[33] Gilles Bellan, Florence Journot (dir.), *Archéologie de la France moderne et contemporaine*, Paris, La Découverte, 2011, p. 17, 67.
[34] Entretien cité avec Denis Woronoff.
[35] Entretien cité avec Anne-Françoise Garçon.
[36] M. Daumas, *L'Archéologie industrielle…, op. cit.* p. 427-428.
[37] Entretien cité avec Florence Hachez-Leroy.
[38] R. A. Buchanan, *Industrial Archaeology…, op. cit.*, p. 29-30.
[39] Entretien cité avec Anne-Françoise Garçon.
[40] M. Daumas, *L'Archéologie industrielle…, op. cit.*, p. 430, 435.
[41] G. Bellan, Fl. Journot (dir.), *Archéologie…, op. cit.*, p. 70 ; P. Fluck, *Manuel…, op. cit.*, p. 73 et suiv. ; et sur les mines du Fournel : https://traces.univ-tlse2.fr/accueil/equipes-et-ateliers/les-metaux-economie-et-techniques-par-larcheologie-et-le-laboratoire/mine-de-plomb-argentifere-du-fournel.

[42] G. Bellan, Fl. Journot (dir.), *Archéologie…, op. cit.*, p. 74.
[43] Jean-Yves Dufour, « Étude du bâti de l'auberge du Grand Cerf à Neuilly-sur-Marne (Seine-Saint-Denis) », *L'architecture vernaculaire*, 36-37, 2012-2013, en ligne : https://www.pierreseche.com/AV_2012_dufour_grand_cerf.htm
[44] Séverine Hurard, « L'archéologie des périodes moderne et contemporaine », axe 14, Ministère de la Culture et de la Communication, Direction générale des patrimoines – sous-direction de l'archéologie, Conseil national de la recherche archéologique, *Programmation nationale de la recherche archéologique*, 2017 p. 185-195.
[45] https://www.boreally.org.
[46] Entretien avec Diane Dufraisy, Paris, 21 juin 2001.
[47] Intéressée notamment par les effets du milieu géographique sur le comportement des individus.
[48] Guy Debord, « Théorie de la dérive », *Les Lèvres nues*, 9, décembre 1956, et *Internationale situationniste*, 2, décembre 1958.
[49] Sur ce processus et sa chronologie, voir le numéro de 20 & 21. *Revue d'histoire*, « La désindustrialisation, une histoire en cours », 144, 2019, et en particulier l'introduction de Xavier Vigna et Marion Fontaine.
[50] C. DeSilvey, T. Edensor, « Reckoning with ruins »…, art. cit.
[51] Manfred Hamm, Günther Kühne, Richard Schneider, *Berlin. Denkmäler einer Industrielandschaft*, Berlin, Nicolaische Verlagsbuchhandlung, 1978 (2e éd., 1980), 144 p. Les lieux paraissent souvent abandonnés ou délaissés (cf p. 41, 55…) et sont parfois photographiés de l'intérieur, comme en urbex (voir p. 57).
[52] S'y côtoient le mur de l'Atlantique, des ruines minières, un cimetière de locomotives au pays de Galles, d'autres de voitures et d'avions, des ports coulés ou encore un porte-avions abandonné et cap Canaveral. Il s'agit cependant avant tout de plans extérieurs. Manfred Hamm, Robert Jungk, Rolf Steinberg, *Tote Technik. Ein Wegweiser zu den antiken Stätten von Morgen*, Berlin, Nicolaische Verlagsbuchhandlung, 1981, 130 p.

[53] Axel Föhl, Manfred Hamm, *Sterbende Zechen*, Berlin, Nicolaische Verlagsbuchhandlung, 1983, 96 p.
[54] Axel Föhl, Manfred Hamm, *Die Industriegeschichte des Textils*, Düsseldorf, VDI-Verlag, 1988, 180 p.
[55] Philippe Vasset, *Une vie en l'air*, Paris, Fayard, 2018, p. 184.
[56] Voir le site du groupe, http://www.osservatorionomade.net/, leurs actions en ligne sur Youtube (notamment Attraverso i Territori Attuali – 1995), et Gilles A. Tiberghien, « La vraie légende de Stalker », *Vacarme*, 28, 2004, p. 94-99.
[57] Br. Garrett, *Explore Everything…*, *op. cit.*, p. 17
[58] Voir le récit de la formation d'Action Squad à Minneapolis, http://www.actionsquad.org/.
[59] Message à l'auteur de Bad Guy Joe, 26 novembre 2021.
[60] Il y eut notamment des rassemblements en 2002 et 2004. Br. Garrett, *Explore Everything…*, *op. cit.*, p. 17 : « the early 2000s can be pinpointed as the time the global UE community was formed » (p. 18).

CHAPITRE 2

[1] *Phosphore*, 15 février 2019. Merci à Laurent Veyssière pour cette référence.
[2] Entretien avec Diane Dufraisy, Paris, 21 juin 2001.
[3] *Access…*, *op. cit.*, s.l., Infilpress, 2005.
[4] Peu de titres avant C. Lipman, *Tresspassing in the ruins: urban exploration at the CRX*. M.A., Geography, Royal Holloway University, 2004 ; Agent K. « urban exploration for dummies », février 2004 en ligne. De manière significative dans le livre influent de Tim Edensor (2005) qui traite des ruines contemporaines, l'expression n'est pas à l'index pourtant riche de mots associés à l'adjectif « urban ». Le thème, pourtant analysé dans le volume, où l'expression « urban exploration » figure (p. 30), se trouve à l'index seulement à « exploration ».
[5] Voir le récit d'un des membres, Lazar Kunstmann, *La Culture en clandestins. L'UX*, 2009, réédition, *Urban eXperiment*, Paris, Uqbar, 2018, 240 p., avec une postface inédite. Nous avons utilisé cette dernière édition. Le

changement de titre entre 2009 et 2018 est significatif : le nouveau permet de jouer de la popularité de l'Urbex.
[6] Clara Georges, « Légendes des cavernes et nouvelles technologies », « Les friches belges prises d'assaut », *Le Monde*, 16-17 novembre 2008.
[7] Philippe Collignon, Dominique Lavault, introduction et fins de chapitres par Renaud Payre, *Le Cimetière des monstres. Aventure graphique d'exploration urbaine*, Grenoble, Cielstudio, 2008, 160 p.
[8] Y compris en Chine, cf. A. Massey, « The Yellow Leaves... », art. cit., p. 22, 24.
[9] Entretien avec Antoine, Paris, 15 juillet 2021.
[10] Courriel à l'auteur, 10 septembre 2021.

CHAPITRE 3

[1] Remarque de l'urbexeuse et photographe Diane Dufraisy, lors de la journée d'études à la Sorbonne (Centre Panthéon), « L'Exploration urbaine (Urbex), l'historien et les sciences sociales »,18 octobre 2018, organisée par l'Université de Paris-I et l'Institut d'histoire moderne et contemporaine (IHMC). Les résumés des interventions sont disponibles en ligne à l'adresse suivante : http://www.ihmc.ens.fr/181018-exploration-urbaine-urbex-historien-sciences-sociales.html?lang=fr. Même remarque d'« Urbex 42 » pour le silence ou du cataphile Pablo pour le sentiment de liberté « faire ce que je veux ».
[2] In Philippe Sergent, *Les Secrets de la photo urbex. Démarche, équipement, prises de vue, postproduction*, Paris, Eyrolles, 2017, p. 130.
[3] Nathanaël Wadbled, « L'imaginaire écologique du tourisme de ruine : faire l'expérience de la présence de la nature plutôt que de l'histoire », *Téoros. Revue de recherche en tourisme*, n° 39, vol. 2, https://journals.openedition.org/teoros/4547#tocfrom1n1.
[4] Voir Thomas Macho, Ilija Trojanow, Thomas Windisch, *Wer hat hier gelebt ? Augenreise zu verlassenen Orte*, Vienne,

Brandstätter, 2019, 216 p. ; Romain Veillon, *Green Urbex. Le Monde sans nous*, Paris, Albin Michel, 2021, 250 p.
[5] http://www.juliangermain.com/projects/steelworks.php.
[6] Charlie Dombrow, *Shooting lost places, Fotografie an verlassenen und mystischen Orten*, Haar, Franzis Verlag, 2014, Todd Sipes, *Urban exploration photography: a guide to creating and editing images of abandoned places*, [Georgia, USA], Peachpit Press, 2014, Ph. Sergent, *Les Secrets…, op. cit.*
[7] Yves Marchand, Romain Meffre, *Détroit, vestiges du rêve américain*, Göttingen, Steidl, 2010.
[8] Sur les ruines de Detroit : Flaminia Paddeu, « Les ruines de Detroit, fléaux ou opportunités de la décroissance urbaine ? Vers une “éthique politique de la ruine” », *Frontières*, 28-1, 2016, URL : https://www.erudit.org/fr/revues/fr/2016-v28-n1-fr02922/1038863ar/.
[9] Yves Marchand, Romain Meffre, *Gunkanjima, l'île cuirassée*, Göttingen, Steidl, 2013.
[10] Jonglez, 2017.
[11] Entretien avec Diane Dufraisy, Paris, 21 juin 2021.
[12] Thomas Kemnitz, Robert Conrad, Michael Täger, Stillgelegt. *100 verlassene Orte in Deutschland und Europa*, Ostfildern, DuMont, 2016, p. 3.
[13] Kazuma Obara, *Reset. Beyond Fukushima*, Zürich, Lars Müller Publishers, 2012.
[14] *Après le déluge*, Göttingen, Steidl, 2006.
[15] Nathan Schlanger, Laurent Nespoulous, Jean-Paul Demoule, « Year 5 at Fukushima: a “disaster-led” archaeology of the contemporary future », *Antiquity*, 90, 2016, p. 409-424.
[16] https://urbex4229.blogspot.com/.
[17] Interview de Brian Precious Decay (né en 1976) dans Ph. Sergent, *Les Secrets…, op. cit.*, p. 130.
[18] Br. Garrett, *Explore Everything…, op. cit.*, p. 86.
[19] Sur cet aspect, une discussion, à partir d'un exemple danois : André Jansson, Maja Klausen, « The Spreadable City: Urban Exploration and Connective Media », in

Kris Bezdecny et Kevin Archer (dir.), *Handbook of Emerging 21st-Century Cities*, Cheltenham, Edward Elgar Publishing, 2018, p. 411-432.

[20] Courrier à l'auteur, 29 septembre 2021.

[21] https://teespring.com/stores/abandoned-urbex-canada.

[22] Interview de Julien Aubrée dans « Jeux interdits en terrains abandonnés », émission « Réseau d'enquêtes », France 3, 23 juin 2021.

[23] Héloïse Pons, « Les touristes des ruines », *Le Point*, 2453, 5 septembre 2019, p. 44-47.

[24] Vente de localisation par « easyurbex » (https://easyurbex.com) et « urbex direct » https://fr.urbex.direct/.

CHAPITRE 4

[1] Voir Pablo Arboleda, « Heritage views through urban exploration: the case of "Abandoned Berlin" », *International Journal of Heritage Studies*, 22, 5, 2016, p. 368-381.

[2] Entretien avec Nicole van de Velde, cf aussi M. Christopher, *Abandoned America*, *op. cit.*, p. 24.

[3] Né en 1962 en RDA, http://www.robert-conrad-fotografie.de/ et https://photomonitor.co.uk/portfolio/forgotten-places/.

[4] https://vimudeap.info/de/info/. Le projet est expliqué en détail dans l'interview de Thomas Kemnitz, « Der Archivar der "toten Orte" », à *Rottenplaces*, juillet 2016, p. 15-18.

[5] Th. Kemnitz, R. Conrad, M. Täger, *Stillgelegt…*, *op. cit.*

[6] Timothy Hannem, *Urbex. 50 lieux secrets et abandonnés en France*, Paris, Arthaud, 2016, p. 139.

[7] Dans Ph. Sergent, *Les Secrets…*, *op. cit.*, p. 130.

[8] Entretien avec Éric Vial-Bonacci, 12 juillet 2021.

[9] MonsieurKurtis, *Urbex : patrimoine mondial*, Clermont-Ferrand, Suzac éditions, 2021, p. 117.

[10] Entretien avec Diane Dufraisy, Paris, 21 juin 2021.

[11] Ninjalicious, *Access…*, *op. cit.*, p. 20-21.

[12] *Ibid.*, p. 20, et par exemple dans la bouche d'urbexeurs de Montréal in Jean-Philippe Fortin, « Montréal interdit. L'autre

versant du tourisme urbain », *La Presse*, 21 mars 2003. Pour la Chine, A. Massey, « The Yellow Leaves...», art. cit., p. 24.

CHAPITRE 5

[1] Br. Garrett, *Explore Everything…, op. cit.*, p. 21.
[2] Entretien avec Diane Dufraisy, Paris, 21 juin 2021.
[3] Entretien avec Manon, Paris, 2 juillet 2021.
[4] « Dieser Zustand repräsentiert eine letzte Möglichkeit der Auseinandersetzung mit dem in Veränderung befindlichen Ort vor seiner erneuten Nutzung oder seinem Verschwinden. », Virtuelles Museum der Toten Orte. Kollaboratives Archiv Moderner Ruinen (VIMUDEAP)
[5] Ph. Sergent, *Les Secrets…, op. cit.*, p. V.
[6] In « Jeux interdits en terrains abandonnés », émission « Réseau d'enquêtes », France 3, 23 juin 2021.
[7] Entretien avec Annette S., Görlitz, 30 juillet 2021.
[8] Vincent Veschambre, *Traces et mémoires urbaines : enjeux sociaux de la patrimonialisation et de la démolition*, Rennes, Presses universitaires de Rennes, 2008, p. 153-155, 243-245 ; Anne-Françoise Garçon, « "L'Ouvrier ne fait pas le patrimoine…" De la difficulté en France de faire se rejoindre mémoire du travail et archéologie industrielle », *L'Archéologie industrielle en France*, 36, juin 2000, p. 49, 54 ; René Commère, « Invention archéologique de l'ancienne usine de l'Ondaine. Bassin de Firminy (Loire) », *L'Archéologie industrielle en France*, 46, juin 2005, p. 18.
[9] A. Mah, *Industrial Ruination..., op. cit.*, p. 87 et suiv.
[10] Entretien avec Éric Vial-Bonacci, 12 juillet 2021.
[11] Carla-Marinka Schorr, « Authentisierungsprozesse in der Museumspraxis : Mechanismen, Zusammenhänge, Konsequenzen », in Michael Farrenkopf, Torsten Meyer (dir.), *Authentizität und industriekulturelles Erbe. Zugänge und Beispiele*, Berlin/Boston, De Gruyter/Oldenbourg, 2020, p. 152, 162-163.
[12] T. Edensor, *Industrial Ruins..., op. cit.*, p. 17, 29, et ses propos in Bradley Garrett, « Urban Explorers: Quests

for Myth, Mystery and Meaning », *Geography Compass*, 4-10, octobre 2010, p.», p. 1451.
[13] Br. L. Garrett, *Explore Everything…*, *op. cit.*, p. 8 (notre traduction).
[14] K. P. Bingham, *Unpacking Heterotopic Social Space...*, *op. cit.*, p. 194 et suiv., 202.
[15] A. Massey, « The Yellow Leaves... », art. cit., p. 23.
[16] Br. L. Garrett, *Explore Everything…*, *op. cit.*, p. 8, 121 ; T. Edensor, *Industrial Ruins...*, *op. cit.*, p. 95.
[17] Ninjalicious, *Access…*, *op. cit.*, p. 3
[18] « We believe it is the responsibility of citizens to shape the city they desire to live in » (sur le site cité du groupe).
[19] Cf aussi C. DeSilvey, T. Edensor, « Reckoning with ruins »…, art. cit.
[20] Ninjalicious, *Access…*, *op. cit.*, p. 29.
[21] https://www.youtube.com/watch?v=cCKIZ1TFTDU, https://docs.google.com/presentation/d/1cJJOgpF-5TIU1cPSsJTwiG8-JJ_dopoSVibTkfxh1HDg/.
[22] Br. Garrett, *Explore Everything…*, *op. cit.*, p. 19.
[23] Friederike Landau, Nikolai Roskamm, « (Dé)stabiliser la ville », in *Villes radicales. Du droit à la ville à la démocratie radicale*, Paris, Eterotopia, 2019, p. 48-49 ; voir aussi Nikolai Roskamm, *Die unbesetzte Stadt. Postfundamentalisches Denken und das urbanistische Feld*, Bâle/Berlin/Gütersloh, Birkäuser/Bauverlag, 2017, p. 148-149, 332 et suiv.
[24] Voir par exemple Steven High, David W. Lewis, *Corporate Wasteland. The Landscape and Memory of Deindustrialization*, Ithaca, ILR Press, 2007, p. 54 et suiv.
[25] Tim Strangleman,« "Smokestack Nostalgia," "Ruin Porn" or Working-Class Obituary: The Role and Meaning of Deindustrial Representation », *International Labor and Working-Class History*, 84-2013, p. 24-25.
[26] Aurélien Villette, *Spirit of Place*, Paris/Kempen, YellowKorner editions/teNeues, 2015.
[27] DDR/CCCP. *Souvenirs d'un monde disparu*, 2021, à compte d'auteur.

28 M. Christopher, *Abandoned America…*, *op. cit.*, p. 6.
29 Sylvain Margaine, Henk Van Rensbergen, Romain Veillon, *Temps suspendu. Exploration urbaine*, Musée de la Poste, 2016.
30 Jana Golombek, « Performing Heritage – Urban Exploration und Rust Belt Chic als jüngere Phänomene einer authentischen Industriekultur im amerikanischen Rust Belt ? », in M. Farrenkopf, T. Meyer (dir.), *Authentizität…*, *op. cit.*, p. 105-130 ; James Rhodes, « Rust Belt Chic: Deindustrialization, place and urban authenticity », *Journal of Urban Cultural Studies*, 2/3-6, septembre 2019, p. 265-286.
31 *Le Pays disparu. Sur les traces de la RDA*, Paris Gallimard, 2019 (1re éd. Stock, 2018) et, *Urbex RDA. L'Allemagne de l'Est racontée par ses lieux abandonnés*, Paris, Albin Michel, 2019.
32 Voir ci-dessous chapitre 7.
33 « Éclats DDR-RDA Splitter, ou comment exposer les traces de la RDA : une expérience », *Cahiers d'histoire, revue d'histoire critique*, 137, 2018, p. 155-181.
34 Voir pour Detroit l'analyse et les exemples de Flaminia Paddeu, « Les ruines de Detroit… », art. cit.
35 Voir encore une mise en image de Haddaway, *What Is Love* par KM Music, https://www.youtube.com/watch?v=XPmB-nnon0Ek, (2017), et toujours sur YouTube, dans des genres et avec des succès différents : le groupe du Sud-Ouest, Goulamas'K, *Miseria*, Goitzsche Front, *Streichholz und Benzin*, Olympique, *The Reason I Came* (2014), Eva Vidan Gallagher, *Merely Human*. Ici c'est le lieu même qui inspira à l'artiste l'écriture d'une chanson, cf. Michael Zinganel, « Recalling the Ruins of the Socialist Modernity. Touring Lost Places in Yugoslavia between Private Search of Identity and Cultural Heritage Tourism », in Sabina Owsianowska, Magdalena Banaszkiewicz (dir.), *Anthropology of tourism in Central and Eastern Europe: Bridging Worlds*, Lanham, Lexington Books, 2018, p. 275, 283-284.
36 Sur ces enjeux géographiques, voir les travaux cités à la note suivante d'Aude Le Gallou, et aussi son intervention à la journée d'études évoquée : « L'Exploration urbaine

(Urbex), l'historien et les sciences sociales », en ligne : www.ihmc.ens.fr/IMG/pdf/181018-urbex-aude-le-gallou-urbex-objet-geographique.pdf.

[37] Voir les travaux d'Aude Le Gallou, « De l'exploration urbaine au tourisme de ruine : enjeux touristiques et patrimoniaux des espaces urbains abandonnés », *Espaces*, 340, janvier 2018, p. 26-31, « Espaces marginaux et fronts pionniers du tourisme urbain : approcher les ruines urbaines au prisme de la notion d'(extra)ordinaire », *Bulletin de l'association de géographes français*, 95-4, 2018, p. 595-612 ; « From Urban Exploration to Ruin Tourism: a Geographical Analysis of Contemporary Ruins as new Frontiers for Urban Tourism », *International Journal of Tourism Cities*, 4-2, 2018, p. 245-260, en attendant la parution de la thèse.

[38] *Ibid.*

[39] Entretien avec Daniel Breutmann, 30 avril 2021.

[40] *Ibid.* Nous avons suivi une de ces visites organisées en juillet 2021.

[41] Christoph Brixner, Touristbüro i-vent, courriel du 21 avril 2021.

[42] Courriel de Anja Schliess, 22 avril 2021.

[43] Entretien avec Hartmut Wilke, directeur du développement urbain (Amt für Stadtentwicklung), Görlitz, 22 juillet 2021.

[44] https://stalkerway.com/tours/kiev-urbex-tour/?

CHAPITRE 6

[1] In J.-Ph. Fortin, « Montréal interdit... » , art. cit.

[2] S. Margaine, H. Van Rensbergen, R. Veillon, *Temps suspendu..., op. cit.*, p. 114.

[3] Cf. aussi St. High, D. W. Lewis, *Corporate Wasteland..., op. cit.*, p. 50.

[4] https://ltvsquad.com/about « Intense documentation of the obscure. We perform deep dive research on the industrial history of NYC that is second to none, uncovering facts and stories that provide a unique view into the fabric of what made NYC the city that it is today ».

[5] In Ph. Sergent, *Les Secrets..., op. cit.*, p. 120.

[6] MonsieurKurtis, *Urbex : patrimoine mondial…, op. cit.*, avant-propos.
[7] Antje Meier « Urban exploring. Wie illegal ist das Ganze ?», https://www.tag24.de/nachrichten/dresden-urban-exploring-lost-places-illegal-54633. Sa chaîne est urbexerdresden.
[8] *Thüringer Landeszeitung*, 19 octobre 2010.
[9] On peut désormais voir en ligne sur YouTube ces productions, sur la chaîne « Enno Seifried – Lost Place & Outdoor Adventure ». Elles sont accessibles aussi en DVD.
[10] Réponse écrite de Timothy Hannem à l'auteur, 28 mars 2019.
[11] Entretiens avec Anthony Grivel et Alessandro Tesei.
[12] Ph. Sergent, *Les Secrets…, op. cit.*
[13] M. Christopher, *Abandoned America…, op. cit.*, p. 77.
[14] Holly Prescott, « Reclaiming Ruins: Childbirth, Ruination and Urban Exploration Photography of the Ruined Maternity Ward », *Women's Studies Quarterly*, 39, automne-hiver 2011, p. 113-132.
[15] Br. Garrett, *Explore Everything…, op. cit.*, p. 38, 41.
[16] « Images numériques et pratiques amateurs dans la révélation des friches industrielles : un phénomène de connectivité patrimoniale », *Études de communication*, 45, 2015, p. 15-34.
[17] Annabella Massey le constate aussi pour la Chine in « The Yellow Leaves... », art. cit., p. 26, 28.
[18] *Le Pays disparu…, op. cit., Urbex RDA…, op. cit.* ; voir aussi chapitre 7 ci-dessous.
[19] Judith Audin, « Dans l'antre des villes chinoises : lieux abandonnés et ruines contemporaines », *Métropolitiques*, 19 juin 2017, https://www.metropolitiques.eu/Dans-l-antre-des-villes-chinoises-lieux-abandonnes-et-ruines-contemporaines.
[20] Voir aussi l'intervention de Judith Audin à la journée d'études citée, « L'Exploration urbaine (Urbex), l'historien et les sciences sociales », en ligne : http://www.ihmc.ens.fr/IMG/pdf/181018-urbex-judith-audin-habiter-ruines-chinoises.pdf.
[21] Collectif Rosa Bonheur, *La Ville vue d'en bas. Travail et production de l'espace populaire*, Paris, Éditions Amsterdam, 2019, notamment p. 38-39, 73, 87, 94. Pour les transformations de friches à Detroit, en particulier en jardins agri-

coles et dès lors en « communs », cf. Flaminia Paddeu, « Cultiver les friches urbaines comme de nouveaux communs (Detroit, États-Unis) », *Géographie et cultures*, 103, 2018, URL : http://journals.openedition.org/gc/5775.

[22] A. Mah, *Industrial Ruination..., op. cit.*, p. 105 et suiv., 108.

[23] M. Zinganel « Recalling the Ruins... », art. cit., et pour le second point, le témoignage et l'analyse de Jacques Vialle, professeur des écoles, https://blogs.mediapart.fr/edition/aggiornamento-histoire-geo/article/291017/comment-des-eleves-ont-ecrit-lhistoire-de-lestaque.

[24] *Instructions sommaires pour les collecteurs d'objets ethnographiques*, Musée d'ethnographie (Museum d'histoire naturelle) et mission scientifique Dakar-Djibouti, Paris, Palais du Trocadéro, 1931, p. 8-9 ; Octave Debary, *De la poubelle au musée, une anthropologie des restes*, s.l., Creaphis, 2019, p. 26.

[25] Voir les nombreuses publications de William Rathje, notamment, en résumé, « The Garbage Project and The Archaeology of US », *Encyclopedia Britannica's Yearbook of Science and future*, en ligne, s.d. : https://web.stanford.edu/group/archaeolog/GarbologyOnline/files/63674.pdf.

[26] Même type de découvertes dans les urbex de MonsieurKurtis, *Urbex : Patrimoine mondial, op. cit.*, p. 118.

[27] Thème d'un colloque à Dijon, à paraître (Jean-Pierre Garcia, Amélie Quiquerez (dir.), décembre 2018 (*Archéologie contemporaine. Une archéologie aux limites*, ARTEHIS Éditions, Dijon) et du séminaire de l'UMR « Trajectoires », sous la direction d'Olivier Weller, « Archéologie aux limites, archéologie du futur », Centre Malher, 31 janvier 2020. Dans les deux lieux nous avons présenté l'intérêt de l'urbex pour ces réflexions.

[28] «Chez l'urbexeur comme chez l'archéologue, il y a l'idée de conservation, d'enregistrement», interview de Séverine Hurard par Aurore Coulaud, *Libération*, 21 août 2021, https://www.liberation.fr/environnement/chez-lurbexeur-comme-chez-larcheologue-il-y-a-

lidee-de-conservation-denregistrement-20210821_DLRSDZJHYNH7PLGZSSJQ7MZSTQ/.

[29] Séverine Hurard, « Sur la confrontation entre urbex et archéologie contemporaine », intervention à la journée d'études citée, « L'Exploration urbaine (urbex), l'historien et les sciences sociales », en ligne, http://www.ihmc.ens.fr/181018-exploration-urbaine-urbex-historien-sciences-sociales.html?lang=fr, et son intervention dans l'émission d'Emmanuel Laurentin, « La Fabrique de l'histoire », 16 juin 2017.

[30] Sur ces sites, cf. Jean-Marie Blaising, Jan Driessen, Jean-Pierre Legendre, Laurent Olivier (dir.), *Clashes of Time. The Contemporary Past as a Challenge for Archaeology*, Louvain, Presses universitaires de Louvain, 2017.

[31] Quentin Letesson, Simon Jusseret, « The Maison du Mage Project: What Remains for Archaeology? », *Journal of Contemporary Archaeology*, 4-1, 2017, p. 1–18.

[32] Voir l'intervention de Cyril Lacheze à la journée d'études citée, « L'Exploration urbaine (Urbex), l'historien et les sciences sociales », http://www.ihmc.ens.fr/IMG/pdf/181018-urbex-lacheze-documenter-friche-industrielle.pdf. Le rapport est consultable en ligne : https://www.academia.edu/5158196/Friche_industrielle_des_Vaux_de_Vire._Rapport_d%C3%A9tude_historique_et_arch%C3%A9ologique. Et désormais : Morgane Moëllo, Cyril Lacheze et Jérôme Féru, « Archéologie contemporaine de l'industrie. Une étude de cas : La friche des Vaux de Vire (Calvados, France) », e-Phaïstos, *Revue d'histoire des techniques*, IX-2, 2021, https://journals.openedition.org/ephaistos/9225.

[33] Entretien avec Daniel Breutmann, Alessandro Tesei, et Br. Garett, *Explore Everything…*, *op. cit.*, p. 150.

[34] Heiko Bohmann, « Keine "ganz normale" Aktenübernahme », *Sächsisches Archivblatt 1*, 2006, p. 8-9., Felix Roth, « Vor dem Abriss: Archiv anrufen ! », *Sächsisches Archivblatt,1*, 2009, p. 15-16.

[35] Voir par exemple Philippe Artières et *alii*, *Le Dossier Bertrand. Jeux d'histoire*, Paris, Manuella Éditions, 2008, 130 p.

CHAPITRE 7

[1] Enno Bünz (dir.), *Vogtland* (*Kulturlandschaft Sachsens*, 5), Leipzig, Éditions Leipzig, 2013, p. 98.

[2] Sur cette dispersion spatiale dans le Vogtland, cf. Béatrice von Hirschhausen et Hélène Roth, « Les systèmes passent, les murs restent. Du rôle de l'immobilier d'entreprise dans la trajectoire du système industriel est-allemand », *Géocarrefour*, vol. 78/4, 2003, p. 351, 354 : http://journals.openedition.org/geocarrefour/412.

[3] Sur ce destin post-1990, voir *ibid.*

[4] Enno Bünz, *Vogtland...*, p. 10.

[5] Sönke Friedreich, « Unzeigbare Authentizität. Zu einigen Problemen im Umgang mit dem industriellen Erbe im sächsischen Vogtland », in Michael Farrenkopf, Torsten Meyer (dir.), *Authentizität..., op. cit.*, p. 273-291.

[6] Voir notre *Pays disparu..., op. cit.*, p. 226 et suiv.

CHAPITRE 8

[1] Une bonne présentation complémentaire des dangers et risques de l'Urbex, de la manière de se préparer dans la vidéo et powerpoint de deux urbexeurs américains, phreakmonkey et mutantMandias ici: https://www.defcon.org/images/defcon-16/dc16-presentations/dc-16-phreakmonkey.pdf.

[2] Récit in Ph. Sergent, *Les Secrets..., op. cit.*, p. 114.

CONCLUSION

[1] Pour ces discussions on renverra aux travaux d'Aude Le Gallou en particulier; voir aussi Philip R. Stone (dir.), *The Palgrave Handbook of Dark Tourism Studies*, Basingstoke, Palgrave Macmillan, 2018, 768 p. ; Marie Delaplace, Maria Gravari-Barbas (dir.), N*ouveaux territoires touristiques: invention, reconfigurations, repositionnements*, Québec, Presses de l'Université du Québec, 2016, 252 p.

SOURCES ET BIBLIOGRAPHIE

Une partie de ce livre se fonde sur ma pratique d'exploration urbaine – environ 350 lieux visités – essentiellement dans la partie est de l'Allemagne dans laquelle j'ai urbexé plus de 300 sites de différentes tailles, époques et fonctions : usines, ateliers, hôpitaux, casernes, immeubles…, entre 2012 et 2021. De manière ponctuelle, j'ai fait quelques expéditions en France et dans d'autres pays.

Nous avons utilisé de nombreux articles de presse, surtout locale, qui sont cités dans les notes et que nous ne reprenons pas ici. De même l'ensemble des sites internet d'urbex visités ne sont pas recensés ici, mais la référence est donnée dans le texte lorsqu'ils sont explicitement cités ou utilisés.

Par ailleurs certains développements de ce livre ont été proposés dans une première mouture dans les travaux suivants et entièrement revus : une série de trois articles dans *AOC* en 2018, « Urbex, qu'est-ce que c'est ? » (28 septembre), « Le savoir par l'urbex ? » (11 octobre), « Politique de l'urbex » (19 octobre), l'introduction d'*Urbex RDA* (Albin Michel, 2019) ; « Une exploration urbaine (urbex) à Plauen. Sur les traces de la dentelle et de la RDA », *Métropolitiques*, 13 janvier 2020 (URL : https://www.metropolitiques.eu/Une-exploration-urbaine-urbex-a-Plauen.html), et « Urbex – Archives de hasard et séries maîtrisées : que vaut la comparaison ? » in N. Delalande, B. Joyeux-Prunel, P. Singaravélou et

M.-B Vincent (dir.), *Dictionnaire historique de la comparaison – Mélanges en l'honneur de Christophe Charle*, Paris, Éditions de la Sorbonne, 2020, p. 66-68.

ENTRETIENS (PRINCIPAUX)

Les échanges ponctuels avec des praticiens sont cités dans les notes mais ne sont pas repris ici.

Avec des urbexeurs

Les entretiens ont été réalisés en français, anglais et allemand en face à face pour les résidents de Paris, Amiens et Görlitz, par Zoom pour les autres, par message écrit avec X. Le lieu indique la résidence de l'enquêté.

Daniel Breutmann, Görlitz, entretien et correspondance, avril et juillet 2021.

Diane Dufraisy, région parisienne, 21 juin 2021.

Anthony Grivel, « Urbex Canada », Ontario, 30 septembre 2021.

MonsieurKurtis, Lorraine, 10 novembre 2021.

Thierry Noville, Bruxelles, 7 septembre 2021.

Gabriel G. Rodriguez, Chicago, 19 octobre 2021.

Olga Sorukhanova, Anvers, 22 octobre 2021.

Alessandro Tesei, Jesi (Marches), Italie, 7 octobre 2021.

Louis Teyssedou, Amiens, juillet 2021 (entretien et correspondance).

Nicole van de Velde, Zélande, Pays-Bas, 24 septembre 2021.

Éric Vial-Bonacci, « Urbex 42 », Saint-Étienne, 12 juillet 2021.

X (femme), Angleterre, novembre 2021.

Avec des cataphiles

Pablo et Manon, 2 juillet 2021.

Antoine, Paris, 15 juillet 2021.

Avec des spécialistes du patrimoine industriel

Anne-Françoise Garçon, 8 juillet 2021.

Florence Hachez-Leroy, 30 juin 2021.

Denis Woronoff, 21 juin 2021.

OUVRAGES ET PUBLICATIONS À CARACTÈRE DE SOURCE

Bedeschinski, Christian, *Ein-Blicke. Industriekultur im Osten Deutschlands*, Berlin, Haude und Spener, 1995, 96 p.

Berges, Laurenz, *Etzweiler*, Münich, Schirmer/Mosel, 2005, 102 p.

Calloni, Davide, Tesei, Alessandro (dir.), *Italian Urbex. Viaggio tra i luoghi dimenticati*, Milan, Magenes, 2018, 238 p.

Christopher, Matthew, *Abandoned America. The Age of Consequences*, s.l., Jonglez, 2015, 240 p.

Clarke, Dugommier, *Urbex, 1. Villa Pandora*, Bruxelles, Le Lombard, 2021, 56 p. [Une BD autour des expériences mystérieuses de jeunes urbexeurs.]

Collignon, Philippe, Lavault, Dominique, introduction et fins de chapitre par Renaud Payre, *Le Cimetière des monstres. Aventure graphique d'exploration urbaine*, Grenoble, Cielstudio, 2008, 160 p.

Dexheimer, Olivier, Dufraisy Diane et *alii*, *Interstices*, catalogue de l'exposition du même nom à l'espace Oppidum, mai 2017, 48 p.

Deyo, L. B., Leibowitz David « Lefty », *Invisible Frontier: Exploring the Tunnels, Ruins, and Rooftops of Hidden New York*, New York, Three Rivers Press, 2003, 222 p.

Dombrow, Charlie, *Shooting Lost Places, Fotografie an verlassenen und mystischen Orten*, Haar, Franzis Verlag, 2014, 256 p.

Föhl, Axel, Hamm, Manfred, *Sterbende Zechen*, Berlin, Nicolaische Verlagsbuchhandlung, 1983, 96 p.

Hamm, Manfred, Jungk Robert, Steinberg Rolf, *Tote Technik. Ein Wegweiser zu den antiken Stätten von Morgen*, Berlin, Nicolaische Verlagsbuchhandlung, 1981, 130 p.

Hannem, Timothy, *Urbex. 50 lieux secrets et abandonnés en France*, Paris, Arthaud, 2016, 160 p.

Hannem, Timothy, *Urbex Europe. 35 lieux secrets et abandonnés en France et en Europe*, Paris, Arthaud, 2019, 192 p.

Kemnitz, Thomas, Conrad, Robert, Täger, Michael, *Stillgelegt. 100 verlassene Orte in Deutschland und Europa*, Ostfildern, DuMont, 2016, 224 p.

Kunstmann, Lazar, *La Culture en clandestins. L'UX*, 2009, réédition, *Urban eXperiment*, Paris, Uqbar, 2018, 240 p.

Lichfield, Rebecca, *Soviet Ghosts*, s.l., Carpet Bombing Culture, 2014, non paginé.

Macho, Thomas, Ilija Trojanow, Thomas Windisch, *Wer hat hier gelebt ? Augenreise zu verlassenen Orte*, Vienne, Brandstätter, 2019, 216 p.

Marchand Yves, Meffre Romain, *Gunkanjima, l'île cuirassée*, Göttingen, Steidl, 2013, 108 p.

Marchand, Yves, Meffre, Romain, *Détroit, vestiges du rêve américain*, Göttingen, Steidl, 2010, 228 p.

Marchand, Yves, Meffre, Romain, *Movie Theaters*, Munich, Prestel, 2021, 304 p.

Margaine, Sylvain, Van Rensbergen, Henk, Veillon, Romain, *Temps suspendu. Exploration urbaine*, Musée de la Poste, 2016, 142 p.

Margaine, Sylvain, *Forbidden places. Explorations insolites d'un monde oublié*, s. l., Jonglez, 2009, 254 p.

Margaine, Sylvain, *France abandonnée*, s.l., Jonglez, 2017, 208 p.

Mayer, Maix, *Spuren der Arbeit*, Halle, Mitteldeutscher Verlag, 2015, 160 p.

MonsieurKurtis, *Urbex : patrimoine mondial*, Clermont-Ferrand, Suzac éditions, 2021, 232 p.

Ninjalicious, *Access All Areas. A User's Guide to the Art of Urban Exploration*, s.l., 2005, 242 p.

Noville, Thierry, *DDR/CCCP. Souvenirs d'un monde disparu*, autoédité, 2021, non paginé.

Orri (Jonsson), *Interiors*, Göttingen, Steidl, 2011, non paginé.

Schneider Richard, Hamm, Manfred, Kühne Günther, *Berlin, Denkmäler einer Industrielandschaft*, Berlin, Nicolaische Verlagsbuchhandlung, 1978 (2e éd., 1980), 144 p.

Sergent, Philippe, *Les Secrets de la photo urbex. Démarche, équipement, prises de vue, postproduction*, Paris, Eyrolles, 2017, 138 p. [Un livre plus riche que le titre ne laisse paraître avec notamment d'intéressantes interviews d'urbexeurs en annexe.]

Sipes, Todd, *Urban exploration photography : a Guide to Creating and Editing Images of Abandoned Places*, [Georgia, États-Unis], Peachpit Press, 2014, 300 p.

Van Rensbergen, Henk, *Abandoned Places. Images d'un monde perdu*, Paris, Gallimard/Alternatives, 2020, 160 p.

Vasset, Philippe, *Une vie en l'air*, Paris, Fayard, 2018, 188 p.

Veillon, Roman, *Green Urbex. Le Monde sans nous*, Paris, Albin Michel, 2021, 250 p.

Vergara, Camilo J., *American Ruins*, New York, The Monacelli Press, 1999, 224 p.

Vial-Bonacci, Éric, *Les Mystérieuses aventures de Tim et Lou*, Connaux, Faralonn, 2020, 80 p. [Des récits pour les enfants fondés sur l'urbex, par un urbexeur.]`

Volkshochschule Frankfurt (Oder), *Häuser erzählen Geschichte(n). Eine fotografische Spurensammlung*, s.d., 132 p.

Wadbled, Nathanaël, « L'imaginaire écologique du tourisme de ruine : faire l'expérience de la présence de la nature plutôt que de l'histoire », *Téoros. Revue de recherche en tourisme*, n° 39-2, https://journals.openedition.org/teoros/4547#tocfrom1n1.

ÉTUDES

Adjedj, Pierre-Jérôme, Aldenhoff-Hübinger, Rita, Offenstadt, Nicolas, « *Eclats DDR- RDA Splitter*, ou comment exposer les traces de la RDA : une expérience », *Cahiers d'histoire, revue d'histoire critique*, 137, 2018, p. 155-181.

Andres Lauren, Grésillon Boris, « Les figures de la friche dans les villes culturelles et créatives. Regards croisés européens », *L'Espace géographique*, 40, 2011, p. 15-30.

Andres, Lauren, Janin, Claude, « Les friches : espaces en marge ou marges de manœuvre pour l'aménagement des territoires ? », *Annales de géographie*, 663, 2008, p. 62-81.

Arboleda, Pablo, « Heritage Views through Urban Exploration : The Case of 'Abandoned Berlin' », *International Journal of Heritage Studies*, 22-5, 2016, p. 368-381.

Arboleda, Pablo, « Threats and hopes for abandoned buildings in Berlin : an urban exploration approach », *URBS. Revista de Estudios Urbanos y Ciencias Sociales*, 7-1, 2017, p.41-55.

Audin, Judith, « Dans l'antre des villes chinoises : lieux abandonnés et ruines contemporaines », *Métropolitiques*, 19 juin 2017, https://www.metropolitiques.eu/Dans-l-antre-des-villes-chinoises-lieux-abandonnes-et-ruines-contemporaines.

Audin Judith (présenté par), « Ruins, Rubble, and Abandoned Places in China: Exploring Ordinary Spaces », *China Perspectives*, 4, 2021.

Banaszkiewicz, Magdalena, Owsianowska Sabina (dir.) *Anthropology of Tourism in Central and Eastern Europe: bridging worlds*, Lanham, Lexington Books, 2018, 334 p.

Bingham, Kevin Peter, *Unpacking Heterotopic Social Space : An Ethnography of Urban Exploration*, thèse de doctorat, département de Tourisme, University d'Otago, Juillet 2017, 300 p.

Blaising Jean-Marie, Driessen Jan, Legendre Jean-Pierre, Olivier Laurent (dir.), *Clashes of Time. The Contemporary Past as a Challenge for Archaeology*, Louvain, Presses universitaires de Louvain, 2017, 276 p.

Cazals, Rémy, *Mazamet l'industrielle. Un demi-siècle d'exploration urbaine*, s.l., Ampélos, 2020, 320 p.

Chevandier, Christian (dir.), *Travailler ensemble ? Des Disciplines aux sciences sociales*, Mont Saint-Aignan, Presses universitaires de Rouen et du Havre, 2014, 258 p.

Collectif Rosa Bonheur, *La Ville vue d'en bas. Travail et production de l'espace populaire*, Paris, Éditions Amsterdam, 2019, 234 p.

Debary, Octave, *De la poubelle au musée, une anthropologie des restes*, Grâne, Creaphis, 2019, 176 p.

DeSilvey, Caitlin, Edensor Tim, « Reckoning with ruins », *Progress in Human Geography*, 37-4, 2013, p. 465-485.

Edensor, Tim, *Industrial ruins. Spaces, Aesthetics and Materiality*, Oxford/New York, Berg, 2005, 190 p.

L'Exploration urbaine (Urbex), l'historien et les sciences sociales, journée d'étude de l'Université de Paris I Panthéon-Sorbonne et de l'Institut d'histoire moderne et contemporaine (IHMC), 18 octobre 2018, résumés en ligne : http://www.ihmc.ens.fr/181018-exploration-urbaine-urbex-historien-sciences-sociales.html?lang=fr.

Fluck, Pierre, *Manuel d'archéologie industrielle*, Paris, Hermann, 2017, 400 p.

Fulton, Crystal, « Urban exploration: Secrecy and information creation and sharing in a hobby context », *Library and Information Science Research*, 39, 2017, p. 189-198. [À partir d'un corpus d'urbexeurs irlandais.]

Furger, Alex R., *Ruinenschicksale. Naturgewalt und Menschenwerk*, Bâle, Schwabe, 2011, 320 p.

Garçon, Anne-Françoise, « "L'Ouvrier ne fait pas le patrimoine..." De la difficulté en France de faire se rejoindre mémoire du travail et archéologie industrielle », *L'Archéologie industrielle en France*, 36, 2000, p. 48-57.

Garrett, Bradley L., *Explore Everything. Place Hacking the City*, Londres, Verso, 2013, 274 p.

Garrett, Bradley, « Urban Explorers : Quests for Myth, Mystery and Meaning », *Geography Compass*, 4-10, Octobre 2010, p. 1448-1461.

Golombek, Jana, « Performing Heritage – Urban Exploration und Rust Belt Chic als jüngere Phänomene einer authentischen Industriekultur im amerikanischen Rust Belt ? », in Michael Farrenkopf, Torsten Meyer (dir.), *Authentizität und industriekulturelles Erbe. Zugänge und Beispiele*, Berlin/Boston, De Gruyter/Oldenbourg, 2020, p. 105-130.

Hauser, Susanne, *Metamorphosen des Abfalls. Konzepte für alte Industrieareale*, Francfort-sur-le-Main, Campus, 2001, 382 p.

High, Steven, Lewis, David W., *Corporate Wasteland. The Landscape and Memory of Deindustrialization*, Ithaca, ILR Press, 2007,194 p.

Jansson, André, Klausen, Maja, « The Spreadable City : Urban Exploration and Connective Media », in Kris Bezdecny et Kevin Archer (dir.), *Handbook of Emerging 21st-Century Cities*, Cheltenham, Edward Elgar Publishing, 2018, p. 411-432.

Lecoq, Matthias, *De l'habitant au citoyen. L'exercice du droit à la ville*, Genève MétisPresses, 190 p.

Le Gallou, Aude, « De l'exploration urbaine au tourisme de ruine : enjeux touristiques et patrimoniaux des espaces urbains abandonnés », *Espaces*, 340, janvier 2018, p. 26-31.

Le Gallou, Aude, « Espaces marginaux et fronts pionniers du tourisme urbain : approcher les ruines urbaines au prisme de la notion d'(extra)ordinaire », *Bulletin de l'association de géographes français*, 95-4, 2018, p. 595-612.

Le Gallou, Aude, « From Urban exploration to Ruin Tourism : a Geographical Analysis of Contemporary Ruins as New Frontiers for Urban Tourism », *International Journal of Tourism Cities*, 4-2, 2018, p. 245-260.

Mah, Alice, *Industrial Ruination, Community, and Place: Landscapes and Legacies of Urban Decline*, Toronto, University of Toronto Press, 2012, 236 p.

Massey, Annabella, « The Yellow Leaves of a Building: Urban Exploration in China and the Cooling Plan Photography Project », *China Perspectives*, 4, 2021, p. 21-29.

« Mémoires industrielles », *303, arts, recherches, créations*, n°165, 2021, 256 p.

Minard, Adrien, *Bouzloudja. Crépuscule d'une utopie*, Paris, Éditions B2, 2018, 192 p.

Mott, Carrie, Roberts, Susan M., « Not Everyone Has (the) Balls : Urban Exploration and the Persistence of Masculinist Geography », *Antipode*, 46-1, 2014, p 229–245.

Offenstadt, Nicolas, « Les friches de Görlitz. Enjeu public, « héritage » et traces de RDA », à paraître.

Offenstadt, Nicolas, *Le Pays disparu. Sur les traces de la RDA*, Paris, Stock, 2018, édition de poche revue et complétée, Paris, Gallimard, 2019, 474 p.

Offenstadt, Nicolas, *Urbex RDA. L'Allemagne de l'Est racontée par ses lieux abandonnés*, Paris, Albin Michel, 2019, 256 p.

Paddeu, Flaminia, « Les ruines de Detroit, fléaux ou opportunités de la décroissance urbaine ? Vers une "éthique politique de la ruine" », *Frontières*, vol. 28, n° 1, 2016, URL : https://www.erudit.org/fr/revues/fr/2016-v28-n1-fr02922/1038863ar/.

Prescott, Holly, « Reclaiming Ruins : Childbirth, Ruination and Urban Exploration Photography of the Ruined Maternity Ward », *Women's Studies Quarterly*, 39, automne-hiver 2011, p. 113-132.

Pusca, Anca, « Industrial and Human Ruins of Postcommunist Europe », *Space and Culture*, 13-3, 2010, p. 239– 255,

Rojon, Sarah, « Images numériques et pratiques amateurs dans la révélation des friches industrielles : un phénomène de connectivité patrimoniale », *Études de communication*, 45, 2015, p. 15-34.

Roskamm, Nikolai, *Die unbesetzte Stadt : Postfundamentalistisches Denken und das urbanistische Feld*, Bâle, Birkhäuser, 2017, 404 p.

Schnapp, Alain, *Une histoire universelle des ruines. Des origines aux Lumières*, Paris, Seuil, 2020, 722 p.

Schnapp, Alain, *Ruines. Essai de perspective comparée*, Dijon/Lyon, les Presses du Réel/ Presses universitaires de Lyon, 2015, 162 p.

Strangleman, Tim, « "Smokestack Nostalgia," "Ruin Porn" or Working-Class Obituary : The Role and Meaning of Deindustrial Representation », *International Labor and Working-Class History*, 84-2013, p. 23-37.

Letesson, Quentin, Jusseret, Simon, « The Maison du Mage Project : What Remains for Archaeology? », *Journal of Contemporary Archaeology*, 4-1, 2017, p. 1–18.

Van der Hoorn, Mélanie, « Exorcizing Remains. Architectural Fragments as Intermediaries between History and Individual Experience », *Journal of Material Culture*, 8-2, 2003, p. 189–213

Veschambre, Vincent, *Traces et mémoires urbaines : enjeux sociaux de la patrimonialisation et de la démolition*, Rennes, Presses universitaires de Rennes, 2008, 316 p.

DOCUMENTAIRES ET VIDÉOS

Geschichten hinter vergessenen Mauern, série sur Leipzig et le Harz d'Enno Seifried. À voir sur la chaîne YouTube de l'auteur : https://www.youtube.com/channel/UCaPXQ68unMS77z6EcQFAiVw.

Urban Escape, David de Rueda, Mélanie de Groot Van Embden, 2014. https://www.youtube.com/watch?v=mSXFDBtV9BQ&t=0s.

Urbex Rouge, Anne-Lise Carlo, 2019, Arte, https://www.arte.tv/fr/videos/RC-017908/urbex-rouge/.

INDEX DES URBEXEURS, DES PERSONNES ET DES LIEUX

LES ABATTOIRS DÉLAISSÉS DE POZNAN (POLOGNE), OCTOBRE 2015

BIOGRAPHIE DE L'AUTEUR

Historien, maître de conférences habilité (HDR) à l'université de Paris I, Nicolas Offenstadt est spécialiste des questions mémorielles, en particulier de la Grande Guerre et de la RDA. Urbexeur lui-même, il a notamment publié *Le Pays disparu. Sur les traces de la RDA* (Stock, 2018) et *Urbex RDA* (Albin Michel, 2019) fondés sur la visite et l'analyse de plus de 200 sites abandonnés en RDA. Il est aujourd'hui l'un des rares spécialistes de l'Urbex.

REMERCIEMENTS

Nous exprimons tous nos remerciements à notre Laboratoire de recherches, l'Institut d'histoire moderne et contemporaine (IHMC, CNRS-Université de Paris I-ENS Ulm), et en particulier son directeur Jean-Luc Chappey, qui a soutenu toutes nos « expéditions » avec générosité et confiance, et permit de travailler ainsi dans les meilleurs conditions possibles. Vincent Denis a bien voulu relire ce volume et ses encouragements ont été précieux.

Un grand merci à Nicolas de Cointet pour son soutien à toutes les étapes de ce travail et pour nous avoir offert aussi des facilités d'enquêtes renouvelées.

Direction éditoriale : Nicolas de Cointet
assisté de Mihaela Cojocariu
Correction : Pierre Rochelois
Conception graghique et réalisation : Frédéric Hallier
Illustrations : pour toutes les images © Nicolas Offenstadt
Impression : Normandie Roto s. a. s. en mars 2022 (2106471)
Éditions Albin Michel
22, rue Huyghens, 75014 Paris
www.albin- michel.fr
ISBN : 978-2-226-47154-3
N° d'édition : 24860/01
Dépôt légal : mars 2022
Imprimé en France